MÉMOIRES

D'UN
VIEUX SOLDAT

MÉMOIRES

D'UN

VIEUX SOLDAT

Deux choses grandes et difficiles sont
de devoir pour l'homme et peuvent faire
sa gloire : supporter le malheur et s'y
résigner avec fermeté ; croire au bien
et s'y confier avec persévérance.

(M. GUIZOT – *Washington*)

TURIN,

MM. GIANINI ET FIORE, LIBRAIRES.

NICE,

IMPRIMERIE SOCIÉTÉ TYPOGRAPHIQUE,
rue du Gouvernement, 9, au premier étage.

MDCCCLVII

PRÉFACE

M. de Lamartine, dans son voyage en Orient, a écrit :

« Constantinople, 20 juin 1833.

« J'ai connu ici un homme aimable et distingué, un de ces hommes plus forts que leur mauvaise fortune qui se servent du flot qui devait les noyer pour aborder au rivage. M. Calosso, officier piémontais, compromis comme beaucoup de ses camarades dans la velléité de révolution militaire du Piémont en 1821, proscrit comme les autres, sans asile et sans sympathie nulle part, est venu en Turquie. Il s'est présenté au Sultan pour former sa cavalerie; il est devenu son favori et son inspirateur militaire. Probe, habile, réservé, il a modéré lui-même une faveur périlleuse qui pouvait le mettre trop en vue de l'envie. Sa modestie et sa cordialité ont plu aux pachas de sa cour et aux ministres du divan. Il s'est fait des amis partout et a su les conserver par le mérite qui les lui avait acquis. Le Sultan l'a élevé en dignité sans lui demander d'abjurer sa nationalité ni son culte. Il est maintenant pour tous les Turcs *Rustem-bey* et pour les *Francs* un *Franc* obligeant et aimable. Il m'a recherché ici et offert tout ce que sa familiarité au Sérail pouvait lui procurer pour moi. Accès partout, amitié de quelques principaux officiers de la cour; facilités pour tout voir et pour tout connaître qu'aucun voyageur Chrétien n'a jamais pu obtenir, pas même les ambassadeurs. J'ai préparé avec son assistance une visite complète du Sérail, où personne n'a pénétré depuis Lady Worthley Montagu etc., etc. »

Ce sont précisément les mémoires du personnage dont il est ici question que nous livrons au public. Avant d'être officier piémontais, le colonel Calosso avait servi dans l'armée française depuis 1806 jusqu'à la fin de 1814. Engagé volontaire, à dix-sept ans, dans un

régiment de cavalerie, Calosso a fait les campagnes de
Prusse en 1807, d'Autriche en 1809, de Russie en
1812, d'Allemagne en 1813, et enfin la merveilleuse
campagne de France en 1814. Soldat de *la grande
armée*, il a traversé l'Europe depuis les rives de la
Brenta jusqu'à celles du Dnieper. Il a bivouaqué à
Vienne, à Berlin, à Dresde, à Varsovie, etc., etc.

Après la chute de l'Empire, Calosso, redevenu sujet
de la maison de Savoie, a servi dans les rangs de l'armée
Sarde jusqu'en 1821. Jeté en exil, à la suite de la
conspiration militaire de cette époque, il a erré successivement en France, en Espagne, en Belgique, en
Angleterre, en Grèce et enfin en Turquie où il est
devenu l'instructeur militaire de la cavalerie ottomane
et l'ami du Sultan Mahmoud.

Calosso est le premier chrétien, croyons-nous, qui
ait pénétré dans l'intimité d'un sultan. Et quand on
songe qu'il a su conserver et accroître, durant une
période de dix-huit années, l'estime et la confiance du
prince et de la plupart de ses ministres, on ne peut
s'empêcher d'admirer ce qu'il lui a fallu de tact, de
patience et de droiture pour vaincre les préjugés d'une
race qui, jusqu'à lui, regardait comme une souillure le
contact d'un infidèle.

Cette vie laborieuse et accidentée, cette vie mêlée
tour à tour de combats, de marches forcées à travers
l'Europe, puis de proscriptions, d'humiliations et de

souffrances ; puis enfin de faveurs inespérées auprès d'un puissant prince ; cette existence à laquelle n'ont manqué ni la calomnie, ni les chagrins de famille, ni les honneurs, les décorations, les flatteries et les tentatives corruptrices ; Calosso a su la supporter en homme modeste et en homme de cœur, et comme le dit si bien M. de Lamartine, *il s'est servi du flot qui devait le noyer pour aborder au rivage.*

Nous croyons que les péripéties de cette carrière parfaitement homogène, quoique semée des incidents les plus étranges, sont de nature à intéresser le public. Dans notre monde avide d'or et de jouissances matérielles, au milieu de notre société sceptique et indisciplinée, c'est un spectacle curieux et consolant tout à la fois que celui *d'un enfant du peuple,* comme il se qualifie lui-même, qui parti d'une petite ville italienne, le sac au dos et sans autre ambition que celle de prendre sa part des périls du grand drame napoléonien, se retrouve aujourd'hui, après plus d'un demi-siècle d'efforts et de travaux, fidèle au culte de ses jeunes années, entouré de considération, de bien être et de respect, et justement fier de ne devoir une situation honorable et honorée qu'à son courage, à sa constance et à ses services.

Nous connaissons depuis plusieurs années le colonel Calosso ; nous vivons avec lui dans une complète intimité et nous le citons hardiment comme un modèle de ces généreuses vertus militaires qu'on n'a jamais assez louées. L'un des rares survivants des grandes batailles de Friedland, d'Essling, de Wagram, de Polotsk, de Leipsick, etc., etc., éprouvé par le feu, par l'exil, par la pauvreté ; ballotté tour-à-tour par les persécutions d'une police ombrageuse et par les intrigues d'une cour étrangère à la civilisation de l'Europe, le colonel Calosso plein de vigueur et d'énergie encore, nous rappelle ces colonnes de granit respectées par les siècles qui apparaissent çà et là au milieu du luxe de nos cités modernes.

Deux enseignements ressortent des *Mémoires d'un Vieux Soldat :* le premier c'est qu'il n'est pas pour l'âme d'école plus fortifiante et plus saine que celle de la vie militaire ; le second c'est qu'il n'est guères de situation si pénible, d'adversité si tenace dont un homme de cœur ne puisse triompher.

Nice , ce 30 août 1857.

A. BURNEL.

AU LECTEUR.

Je viens de **jeter** sur le papier, sans prétention et sans art, le récit des évènements d'une vie passablement agitée. Non que je vise à la célébrité ; mais, par le temps de *mémoires* qui court, j'ai pensé que la peinture des mœurs de cet Orient qui commence à entrer dans la préoccupation des esprits mêmes les moins sérieux pouvait offrir quelqu'attrait de curiosité. D'un autre côté, la vie des camps et des bivouacs que j'ai menée pendant huit ans d'une époque héroïque, intéressera peut-être les survivants de cette *grande armée* à laquelle j'ai eu l'honneur d'appartenir. En somme, c'est avec les mémoires privés que se construit la grande histoire. J'apporte ma pierre à l'édifice, rien de plus.

Maintenant (pourquoi ne le dirais-je pas?) c'était pour mon cœur une dette d'admiration et de reconnaissance que j'avais à payer : la première, à Napoléon sous lequel j'ai servi avec une véritable passion pendant les plus belles années de ma jeunesse ; la seconde, au Sultan Mahmoud dont la généreuse bienveillance m'a tiré d'une position affreuse et m'a créé le repos honorable (*otium cum dignitate*) dans lequel je finis mes jours.

Ai-je besoin de dire que si quelques agents du gouvernement Sarde ont pu jadis me faire du mal, il est oublié depuis longtemps? Si la pratique de la vie n'enseignait pas à l'homme l'indulgence, à quoi servirait-elle? Au reste, je n'ai personnellement qu'à me louer des princes de la maison de Savoie sous le règne desquels j'ai vécu. Né sujet Sarde, je suis revenu mourir dans ma patrie et je conserve tout mon dévouement au Roi constitutionnel qui la gouverne avec une loyauté à laquelle l'Europe entière rend hommage.

J'ignore quel sera le sort de ce petit livre et je suis bien loin de lui reconnaître aucun titre sérieux à l'attention publique. Tout ce que je puis affirmer c'est la parfaite exactitude des faits et des évènements qu'il renferme. A défaut de talent ou de renommée, j'offre à mes lecteurs (si je dois en avoir) la garantie d'une parfaite sincérité.

Nice, ce 30 août 1857.

COLONEL CALOSSO.

MÉMOIRES

D'UN

VIEUX SOLDAT

CHAPITRE PREMIER.

Ma famille. — Mon enfance. — Je m'engage à 17 ans au 24ᵐᵉ chasseurs à cheval. — Campagne de Prusse en 1807. — Mes premières armes. — Heilsberg. — Friedland. — Tilsitt.

Je suis né à Chivasso. province de Turin, le 24 janvier 1789. On me baptisa dans l'église de Sainte-Marie sous les noms de Jean-Timothée. J'eus pour parrain M. Jean Comoglio, architecte de Verolengo et pour marraine ma sœur Catherine. Membre d'une famille nombreuse, je fus élevé avec mes quatre frères et mes trois sœurs par ma pieuse et vaillante mère (j'avais six ans quand mon père mourut) et certes il lui fallut bien de l'ordre et du courage pour subvenir à l'éducation de ses huit enfants. Elle y parvint en continuant de faire valoir le modeste établissement industriel qu'elle et mon père tenaient à Chivasso.

Comme j'annonçais un goût prononcé pour l'étude. ma mère, malgré ses faibles ressources, me plaça au collége de ma ville natale. J'y entrai à dix ans et j'y suivis mes classes jusqu'en troisième. C'est là que j'appris les éléments de la langue française, indispensable sous l'Empire dont le Piémont faisait partie.

Je sortis du collége à quinze ans. Ma mère me destinait au commerce pour lequel je ne me sentais aucune vocation. En revanche j'avais un invincible entraînement pour la carrière militaire qui, sous le gouvernement Napoléonien, offrait à la jeunesse les séduisantes perspectives de la gloire et de l'avancement. En 1805, les bulletins de la grande armée enflammèrent ma jeune imagination et décidèrent de ma destinée. Je sollicitai et obtins, non sans difficulté, le consentement maternel et je m'enrôlai comme *engagé volontaire* à la mairie de Chivasso. Le 5 août 1806, je partis gaiment pour rejoindre le vingt-quatrième régiment de chasseurs à cheval que j'avais vu à Pignerol l'année précédente et qui tenait alors garnison à Bassano sur la Brenta. J'y arrivai le 19, je fus inscrit sur les rôles le 20 et incorporé à la quatrième compagnie du quatrième escadron. Aussitôt habillé, mon instruction militaire

.commença. Mes bonnes dispositions pour l'équitation, mon ardeur à m'instruire et probablement aussi ma forte constitution me firent distinguer de mes chefs, lesquels, malgré mes dix-sept ans, me désignèrent pour faire partie des escadrons de guerre qui devaient rejoindre la grande armée en Prusse. Nous fûmes passés en revue par le prince Eugène, vice-roi d'Italie, dans la plaine de Trévise où, avec trois autres régiments de chasseurs, nous exécutâmes les évolutions de ligne, et nous quittâmes l'Italie à la fin de 1806 pour nous rendre à la grande armée. Nous franchîmes les montagnes du Tyrol au cœur de l'hiver. Une partie du régiment était montée, l'autre à pied. Comme recrue, je faisais partie des démontés qui avaient dû, par ordre du vice-roi, laisser leurs chevaux à un régiment italien de nouvelle formation. Nous portions sur le dos, nos manteaux, porte-manteaux, gibernes, sabres et carabines. Au reste, cette marche par étapes fortifia mon tempérament. Au moral, j'étais enchanté de ma nouvelle existence. Par Bolzano, Trente et Fiessen où je remarquai un magnifique pont couvert, nous descendîmes à Munich, passâmes le Danube à Donawert, et, sans incident remarquable, nous arrivâmes à Potzdam, grand dépôt des remontes de l'armée, et y fîmes une halte de quelques jours. Les hommes à pied ayant été remontés avec de bons chevaux prussiens, le régiment fut passé en revue par le vieux général Bourcier, et les escadrons furent immédiatement dirigés sur la Pologne par Berlin.

Nous franchîmes la Vistule à Thorn et nous marchâmes sur Elbing, jolie petite ville de la vieille Prusse. La langue latine m'étant assez familière, je servais d'interprète à la compagnie, quand les autorités polonaises et nos hôtes ne parlaient pas le français. M. Larousse, lieutenant de la compagnie, me faisait presque toujours loger avec lui. Cet excellent officier avait pour moi les soins affectueux d'un père.

A Finkinstein, où était établi le quartier général, Napoléon nous passa en revue. Parmi sa suite se trouvait un ambassadeur ottoman dont le costume oriental attira de notre part quelques quolibets. Qui m'eût dit alors que vingt ans plus tard j'aurais ceint le turban au service du sultan Mahmoud ? Arrivés à Elbing, nous y fîmes le service de la garnison pendant quelque temps. Durant ce séjour, je fis partie d'un détachement chargé d'escorter un convoi de farine pour le camp de Liebstadt. Au retour, le régiment reçut l'ordre de prendre ses cantonnements dans l'île de Nogat. Il est impossible de voir un pays plus fertile ; aussi était-il le grenier dans lequel l'armée puisait une bonne partie de ses subsistances. L'île abonde en excellents chevaux propres au service de la cavalerie légère. Ils sont généralement de couleur pie, c'est-à-dire blancs et noirs ou blancs et bais. Plusieurs régiments de cavalerie étaient comme nous cantonnés dans cette île fortunée. Nous étions les uns et les autres logés dans d'immenses fermes et y vivions à merveille. Vers la mi-mai, nous repassâmes tous le bras de la Vistule pour retourner à Elbing où le prince Murat, alors grand duc de Berg, ayant rassemblé les divisions de cavalerie placées sous ses ordres, nous passa en revue. Le lendemain, Napoléon étant arrivé de Finkinstein, le Prince Murat lui présenta trente régiments de différentes armes, y compris les alliés de la Confédération du Rhin, le tout montant à vingt-cinq mille chevaux. Nous étions rangés sur trois lignes dans une vaste plaine, près de la ville. Après quelques grandes évolutions, l'Empereur nous vit défiler devant lui. A la suite de cette revue qui offrit un spectacle imposant, nous reprîmes nos cantonnements respectifs, en attendant le jour de marcher à l'ennemi.

Le 4 juin 1807, les trompettes des différents régiments sonnèrent le boute-selle dans tous les cantonnements de l'île, et nous repassâmes la Vistule, munis chacun de vivres et de fourrages pour trois jours, pour nous rendre, à marches forcées, sur la Passarge. Les Russes avaient attaqué nos avant-postes et repris les hostilités sur toute la ligne. Le corps du maréchal Ney, stationné à Guttstadt, avait été forcé de se replier en combattant jusqu'à Deppen où nous le ralliâmes le 8 au matin. La première nuit que je passai au bivouac, me fit éprouver une sensation inexprimable. Je sentais que là était le véritable côté poétique du métier. Les treizième, vingt-quatrième chasseurs à cheval français, et premier de chasseurs à cheval italien composaient la première brigade. Nous fûmes désignés pour faire l'avant-garde. Nous passâmes la rivière au gué sous le feu de l'ennemi et nous nous déployâmes dans la plaine. Le reste de la division nous suivit avec l'artillerie à cheval.

Dans la matinée du 9, ayant le prince Murat à notre tête, nous atteignîmes l'ennemi en retraite en avant de Guttstadt. Plusieurs charges furent exécutées. Le premier régiment italien qui, à notre gauche, marchait à la lisière d'un bois, fut assailli brusquement par une nuée de cosaques qui y étaient embusqués. Le régiment éprouva des pertes sensibles, surtout la compagnie d'élite qui formait la tête de la colonne. Le colonel Ercole y fut tué. Cependant l'arrière-garde ennemie refoulée sur Guttstadt évacua la ville que nous dépassâmes et nous la poursuivîmes dans la direction de Heilsberg, jusqu'au 10 au soir.

Le 11 au matin, nous trouvâmes l'armée Russo-Prussienne en position devant cette ville et nous l'abordâmes. La brigade destinée à soutenir une forte batterie perdit beaucoup de monde. C'est une triste situation que celle d'une ligne de cavalerie condamnée à l'immobilité qui, le sabre au fourreau, reçoit la mort sans pouvoir la donner. Passivement placés derrière les batteries pour les protéger, nous recevions le choc des boulets

ennemis qui manquaient les pièces et quelquefois
même de ceux qui y avaient fait des ravages. Cependant
le tour des manœuvres vint et les charges leur succé-
dèrent. Alors le moral se retrempe et je me sentis un
tout autre homme.

C'était mon début dans ce terrible jeu des batailles
et j'eus le bonheur d'en sortir sain et sauf. Je ne crains
pas d'avouer que les premiers boulets qui sifflèrent à
mes oreilles me causèrent une vive émotion. Je baissais
la tête croyant les éviter; alors mon camarade de lit,
le vieux Cibois me dit : « Il est inutile de vous baisser,
Calosso ; lorsque vous les entendez siffler, ils ne sont
plus à craindre car ils ont déjà touché le but. D'un
autre côté, vos camarades pourraient se moquer de vous
et croire que vous avez peur. » Je remerciai mon vieil
ami de son bon conseil et je m'affermis sur mes étriers.
Tout-à-coup Cibois que j'avais à ma droite se penche
brusquement sur moi et par le cri : *attention !* me fait
remarquer un boulet qui ricochait dans notre direction
et qu'il évita par son mouvement. Le projectile passa
rapidement à sa droite et brisa la tête du cheval du
second rang, lequel tomba avec son cavalier. Je compris
alors qu'il était possible de se soustraire à l'atteinte
d'un boulet ricochant et non à celle du projectile arri-
vant de plein fouet.

L'ennemi nous ayant enfin cédé le champ de bataille,
la brigade suivit dans sa retraite un corps de cavalerie

ennemie qui, sur la droite de la grande route, s'était engagé dans un chemin de traverse. Nous le talonnâmes depuis le 11 au soir jusqu'au 13. Dans la nuit il échappa à notre poursuite. Le lendemain nous marchions sur ses traces, quand nous entendîmes sur notre gauche une forte canonnade. Le général Fournier qui nous commandait, cessa la poursuite et nous fit marcher dans la direction du canon.

Dans l'après-midi, nous arrivâmes sur le champ de bataille de Friedland et n'y restâmes pas long-temps inactifs. Cependant, avant d'entrer en ligne, nous fîmes manger l'avoine à nos chevaux, pendant que le général se rendait au quartier général pour y prendre des ordres. A son retour, nous remontâmes à cheval et allâmes rejoindre la deuxième brigade en première ligne. Nous fournîmes aussitôt une charge contre l'infanterie qui défendait le défilé du pont sur l'Alle ; nous perdîmes quelques hommes et n'eûmes pas un grand succès. Une seconde charge entreprise avec la division de cuirassiers, fut plus heureuse. L'arrière-garde Russe fut en grande partie poussée dans la rivière où nos batteries la foudroyèrent. Nous perdîmes peu de monde comparativement à l'ennemi qui, outre les noyés, laissa sur le terrain bon nombre de pièces et de prisonniers. Nous dépassâmes le même soir la ville de Friedland encombrée de bagages et de blessés ennemis, et nous allâmes bivouaquer dans un grand bois de sapins.

Les jours suivants nous n'eûmes plus d'engagements sérieux avec l'arrière-garde ennemie. Nous visitâmes en passant le champ de bataille d'Eylau qui portait encore les traces de la sanglante affaire des 7 et 8 février. Tout en échangeant quelques coups de canon et parfois le coup de sabre avec les Russes auxquels nous disputions les villages et autres positions où ils prétendaient passer la nuit, nous atteignîmes la ville de Wélau située au confluent de deux rivières. L'ennemi en fut délogé comme à l'ordinaire et brûla le pont en se retirant. Nous passâmes la Prégel à gué, et suivîmes, aussitôt formés, les traces de l'ennemi. C'était le 21 juin. Les septième et vingtième chasseurs, deuxième brigade, marchaient en colonnes serrées sur la droite de la grande route ; notre brigade, précédée de ses éclaireurs, marchait dans le même ordre sur la gauche. Un immense champ de seigle se présente devant nous. Les éclaireurs s'y engagent, nous les suivions de près. Tout-à-coup nous entendons quelques coups de carabine et une nuée de traits, oui, des traits ! sifflent à nos oreilles. L'un d'eux blessa même légèrement le trompette qui marchait à la suite de notre colonel. Malgré la hauteur du seigle, la colonne prend le trot et bientôt débarrassés de cet obstacle qui entravait notre marche, nous découvrons devant nous une grande quantité de cavaliers, vêtus d'un blanc sale, coiffés en artie de grands chapeaux, et aux prises avec la

deuxième brigade. C'étaient des Baskirs, véritables
scythes des anciens temps, que nous poursuivîmes
jusqu'à la nuit. Nous en prîmes quelques uns et pûmes
remarquer que leurs chevaux étaient plus vigoureux et
mieux tenus que ceux des cosaques.

Ici se présente à mon souvenir une petite anecdote
personnelle que je demande à mon lecteur la permission de lui raconter ; non qu'elle ait un grand intérêt
par elle-même, mais parcequ'elle sert à peindre ces
mœurs de la vie militaire qui font de l'armée une seule
et même famille. Quelques chasseurs de l'escouade ayant
maraudé dans le village près duquel nous bivoua-
quions apportèrent, entr'autres choses, plusieurs oies.
C'était mon tour de cuisine ; j'allume le feu, je prépare
une broche et deux piquets, pendant que les camarades
plument et vident les oies. Les embrocher et les présenter à l'action du feu fut l'affaire d'un moment. Je
réussis à tourner la broche pendant quelque temps ;
mais cédant à l'accablement de la fatigue des jours
précédents, peut-être aussi à la chaleur assoupissante
du foyer, je finis par m'endormir profondément. Il en
résulta que la broche ayant cessé de tourner, les oies
brûlèrent. Au point du jour, le brigadier Hénaut me
secoue et me dit avec colère : « Malheureux ! par votre
faute nos oies sont calcinées d'un côté et crues de l'autre ;
vous serez puni, vous recevrez la savate. » J'étais en
effet inexcusable, l'escouade par ma négligence dut se

passer de rôti. Comme j'étais aimé de mes camarades, ils sollicitèrent mon pardon auprès du brigadier; il fut inexorable. Séance tenante, je dus recevoir vingt-cinq coups de savate. Mon ami Brival désigné pour me les administrer, tira une de ses bottes et s'acquitta le plus doucement possible de sa commission.

Si le vieux Cibois n'eut pas été de grand' garde cette nuit là, il m'eût laissé dormir et aurait tourné la broche pour moi, en me disant comme à l'ordinaire : Mon enfant, vous n'êtes pas fait pour être cuisinier et Brival non plus.

Cette petite anedocte me conduit à faire remarquer qu'en Prusse les nuits d'été sont de trois heures au plus. Après avoir marché toute la journée, on arrivait le soir au bivouac. On ne mettait pied à terre que lorsque les grand' gardes étaient établies. Les premiers soins d'un cavalier appartiennent au cheval; les hommes désignés partaient pour la marande. On rentrait au camp harrassé de fatigue et tombant de sommeil sans pouvoir satisfaire cet impérieux besoin; car le plus souvent au point du jour il fallait remonter à cheval pour recommencer le même train. C'est probablement à cette cause et à la mauvaise eau que nous buvions, qu'il faut attribuer la grande quantité de malades que nous eûmes après cette mémorable campagne de vingt-cinq jours.

Enfin, nous arrivâmes devant Tilsitt. L'arrière-garde

Russe ayant brûlé le pont sur le Niemen, nous prîmes possession de la ville. Le lendemain, l'empereur nous rejoignit avec sa garde. Nous évacuâmes alors la ville pour aller camper le long de la rive Prussienne. Les hussards noirs Prussiens étaient campés sur la rive opposée, juste en face de nous. Le fleuve n'étant pas très-large, nous pouvions nous parler et nous faire comprendre. Ce fut un de leurs officiers qui, en faisant sa ronde, passa devant moi placé en vedette sur la rive et m'apprit en bon français qu'un armistice venait d'être signé. La nouvelle nous fut confirmée le soir même par un ordre du jour. L'entrevue des deux empereurs eut lieu sur le célèbre radeau, et la paix mit fin à cette belle campagne de 1807 par laquelle j'avais commencé ma carrière de soldat. Quel temps ! quels souvenirs !

Notre brigade eut pour cantonnements la ville de Gumbinen et les villages environnants. Nous en sortîmes à la fin de juillet, repassâmes la Vistule à Marienverder et nous nous dirigeâmes par Dantzig, sur la Poméranie Prussienne où nous eûmes pour quartiers les villes de Slawe, Treptow, Demin et Köslin. Vers la fin d'octobre, je fus désigné avec mon ami Brival pour passer à la compagnie d'élite, malgré notre jeune âge et notre peu de service. Ce fut une grande satisfaction pour notre amour propre. La grenade et le bonnet d'oursin nous relevaient à nos yeux. Je

quittai cependant avec un vif regret mon vieux camarade Cibois qui, depuis plus d'un an, me tenait lieu
de père, m'entourait de soins affectueux, m'aidait dans
les tours de services pénibles, et véritable mentor, me
préservait des écueils que mon inexpérience eût pu me
faire rencontrer. Ce précieux camarade fut une des
victimes de la terrible campagne de 1812. Repos à son
âme !

CHAPITRE II.

Campagne de 1809. — Cantonnements en Poméranie. — Séjour à Hambourg. — Ratisbonne, Essling et Wagram. — Paix de Vienne.

Nous passâmes l'hiver de 1807 — 1808 à Slawe. Au printemps, nous nous rendîmes à Anclam dans la Poméranie suédoise. Le maréchal Soult nous y passa en revue, disloqua la brigade, et le vingt-quatrième reçut l'ordre de se rendre à Berlin, où nous tînmes garnison jusqu'à la fin d'octobre, époque à laquelle nous partîmes pour Hambourg. La compagnie d'élite y fournissait exclusivement le piquet d'honneur au palais du prince de Ponte-Corvo, maréchal Bernadotte.

En avril 1809, nous quittâmes cette belle et opulente cité pour nous porter, à marches forcées, sur le Danube et entreprendre la nouvelle campagne d'Autriche qui venait de s'ouvrir. Nous entrâmes en ligne la veille de l'affaire de Ratisbonne; nous y prîmes une part très-active, et comme nous formions l'avant-garde, nous eûmes différentes rencontres sérieuses avec l'arrière-garde ennemie avant d'arriver à Vienne.

A Saint-Polten, le général Bruyère qui commandait la brigade, reçut l'ordre de poursuivre un parti ennemi qui se dirigeait sur Mariazel en Styrie; nous l'atteignîmes à Lilienfeld et lui fîmes quelques prisonniers. Un riche couvent, près duquel nous campâmes pendant deux jours, nous fournit des vivres en abondance. Cependant la maraude était trop habituelle chez bon nombre de soldats pour que cette abondance locale parvint à suspendre cette triste ressource des troupes en campagne. Et moi qui ne maraudais pas, je faillis être puni pour une faute que je n'avais pas commise. Voici le fait : Mon cheval qui avait le *lampas*, ne pouvait mâcher ni foin, ni avoine. Je m'adressai au vétérinaire qui m'ordonna de lui faire manger du son. A cet effet je me rendis au moulin du village après en avoir prévenu le maréchal-des-logis du peloton. Ayant trouvé ce que je cherchais, j'en mis à peu près la valeur d'un boisseau dans mon sac. Dans le même moulin se trouvaient une douzaine de chasseurs de la brigade qui n'avaient pas borné leurs recherches aux objets tolérés en campagne. Le propriétaire alla se plaindre, et le hasard voulut que le premier officier qu'il rencontra fut précisément mon capitaine. Celui-ci parut à la porte du moulin avec le plaignant juste au moment où j'en sortais seul avec ma besace sur le dos.—« Comment ! Calosso, me dit le capitaine, vous, l'un des plus honnêtes chasseurs de la compagnie, c'est vous que je surprends en flagrant d'élit de maraude ! »—« Capitaine, répondis-je sans hésitation, mon cheval est malade et le vétérinaire m'a ordonné de lui faire manger du son. Avec la permission de M. le maréchal-des-logis Maurin, je suis venu m'en procurer ici ; vous êtes trop juste, Capitaine, pour m'en faire un crime. » Et à l'instant je renverse ma besace et vide tout le son sur place. Alors le capitaine Pujol me dit avec douceur : « C'est bien, Calosso, reprenez votre son et rentrez au camp. » Ce que je ne me fis pas répéter. J'eusse été bien malheureux de perdre injustement l'estime de ce brave officier. Les véritables maraudeurs furent arrêtés et conduits à la garde du camp. Le lendemain ils marchèrent à pied, conduisant leurs chevaux par la bride.

Arrivés à peu de distance du sanctuaire de Mariazel que nous apercevions distinctement de la route, un officier d'ordonnance apporta au général qui commandait la brigade, l'ordre de prendre la direction de Vienne, par la route de Mariazel à cette capitale. Nous fîmes alors une contremarche jusqu'à l'embranchement des deux chaussées que nous avions déjà dépassé, et deux jours après, le 18 mai, nous ralliâmes l'armée sous les murs de Vienne. Le 19, nous passâmes dans l'île Lobau. Le 20 au matin, le général Lasalle arrivé la veille d'Espagne prit le commandement de la division composée du huitième de hussards et seizième chasseurs (première brigade); du treizième et vingt-quatrième chasseurs (seconde brigade). Cette dernière à laquelle j'appartenais était placée sous les ordres du général Bruyère.

Le pont sur le second bras du Danube étant construit dans l'après-midi, notre division s'ébranla et effectua son passage sous les yeux de l'Empereur. Nous devions pousser une reconnaissance de la plaine qu'occupait l'ennemi et reconnaître ses positions.

A cet effet, outre notre batterie à cheval, on nous avait adjoint les deux fameux bataillons de tirailleurs de la Corse et du Pô, les plus intrépides soldats mais les plus hardis pillards de l'armée. Sur les huit heures du soir, nous étions tous massés sur la rive gauche du fleuve que l'ennemi avait abandonnée. Après avoir franchi le bois qui le borde, nous débouchâmes dans la grande plaine.

Nous marchions depuis à peu près une heure dans un ordre parfait, lorsque nos avant-postes qui nous éclairaient aperçurent la cavalerie Autrichienne qui de son côté, venait épier nos mouvements. Quelques coups de canon furent alors échangés et les deux partis se rapprochèrent. Sur les dix heures, par une soirée très-claire, nous pûmes distinguer les différentes armes composant la reconnaissance de l'ennemi. Le terrain était très-plat et nous n'aperçûmes point d'infanterie. Les hussards que nous avions devant nous vinrent bravement à notre rencontre. Les trompettes sonnèrent simultanément la charge des deux côtés et la rencontre eut lieu, tandis que nos deux bataillons en carré, l'artillerie aux angles, demeurèrent spectateurs du combat à une bonne distance. Nous nous sabrions depuis quelques minutes tantôt gagnant, tantôt perdant du terrein, quand je me sentis frappé à la tête par le sabre d'un hussard dont les jurons dénonçaient la nationalité. Le coup fut porté au moment ou je l'atteignais moi-même d'un coup de pointe dans le côté droit. Afin de mieux atteindre mon ennemi, je m'étais penché sur l'encolure de mon cheval, et c'est dans cette position que me fut asséné un si vigoureux coup de sabre que le cercle supérieur de mon colback fut coupé comme avec un rasoir. La coiffe intérieure se déchira et la partie inférieure de ma coiffure me descendit jusqu'au menton, de sorte que je me sentis un instant embarrassé. Je parvins pourtant à me dégager avec la main droite, mon sabre pendant à la dragonne ; je portai la même main sur ma blessure ; le sang coulait

abondamment. Je fus très-heureux de n'être pas attaqué alors, car je n'eusse pu me défendre. A ce moment
les trompettes des hussards sonnèrent le ralliement.
De notre côté nous nous ralliâmes derrière notre carré
d'infanterie, après quoi nous rétrogradâmes en masse
sur le village d'Enzersdof que nous avions dépassé et
nous y bivouaquâmes.

Dans cette affaire le régiment essuya des pertes
sensibles; nous eûmes une infinité de blessures affreuses. Le chirurgien qui pansa la mienne des dernières,
m'assura que je devais la vie à la résistance de mon
colback. Le coup porté à mon adversaire a dû être
mortel à en juger par la lame de mon sabre teinte de
six pouces de sang. Le lendemain, je repris mon rang
dans l'escadron, coiffé de mon bonnet de police. Nous
passâmes toute la matinée en vue de l'ennemi. Avec
mon ami Brival et quelques autres camarades nous
avions déployé nos manteaux sur nos sabres fichés
dans la terre pour nous garantir du soleil et nous cau-
sions des péripéties de la rencontre de la veille. Je
m'aperçus que Brival que depuis trois ans j'aimais
comme un frère était triste, lui d'ordinaire si gai, et je
lui en demandai la raison. Il me répondit tout bas: Mon
ami, j'ai le pressentiment d'être tué aujourd'hui; vous
me survivrez, promettez-moi d'écrire à ma bonne mère
que ma dernière pensée a été pour elle. — Je le lui
promis, tout en combattant sa préoccupation; il me

sourit, me serra la main, et s'en fut donner quelques soins à nos chevaux.

Vers les deux heures après midi, nous vimes l'ennemi renforcer ses lignes, et de notre côté, les têtes de colonnes débouchaient du bois qui nous séparait du Danube. C'était évidemment le prélude de l'attaque. Le général Lasallé fit sonner à cheval et la division forma aussitôt sa ligne de bataille, nos batteries légères aux ailes. La division de cuirassiers nous appuya en seconde ligne. Les autrichiens déployaient en même temps, devant nous, une formidable batterie défendue par plusieurs escadrons de hulans et de hussards. En seconde ligne, on distinguait parfaitement leur grosse cavalerie, et de grandes masses d'infanterie. Evidemment, la force numérique était de leur côté. Sur ces entrefaites, notre général reçoit l'ordre de faire exécuter à sa division un changement de front à droite, ordre inverse, afin de faire face à une forte colonne de cavalerie ennemie qui débouchait à notre droite, du village d'Enzersdof. Cette manœuvre que nos artilleurs imitèrent, obligea la division de cuirassiers à nous remplacer, en attendant la seconde division de cavalerie légère. Ces braves cuirassiers eurent là une bien mauvaise chance, car, peu de temps après, leur division fut horriblement écharpée pendant qu'elle protégeait le déployement de notre infanterie qui s'exécutait derrière eux.

M. le capitaine Pujol m'apercevant dans les rangs avec mon bonnet de police, et me sachant blessé de la veille, vint à moi et m'enjoignit de me rendre aux chevaux de main. J'obéissais avec regret à cet ordre, quand en quittant ma place, j'entendis un vieux soldat de la compagnie, le chasseur Macré, dire tout haut : « Calosso est bien heureux de s'en aller avec son bobo, la journée sera chaude. » Je tournai bride à l'instant, et allant droit au capitaine, je le priai de me permettre de rester à mon rang, en lui expliquant le motif qui me faisait agir ainsi.— C'est bien, Calosso, restez.— La journée, ou pour mieux dire, *la soirée*, fut chaude en effet, et fatale au sarcastique Macré qui fut emporté par un boulet.

J'eus aussi la douleur de voir tomber mon ami Brival qui eut la tête brisée par un éclat d'obus. Cet excellent jeune homme, engagé volontaire comme moi, appartenait à une bonne famille de l'Auvergne. Comme moi encore, il servait avec passion, sans ambition, et nous étions heureux l'un et l'autre, d'appartenir à la compagnie d'élite. Son souvenir ne m'a jamais quitté, et aujourd'hui encore, après un intervalle de près d'un demi-siècle, sa mémoire m'est toujours chère. Nous eûmes à regretter encore, ce soir là, un des meilleurs officiers du régiment, M. Toulouse, lieutenant de la compagnie, commandant le quatrième peloton dont je faisais partie. Il eut la poitrine brisée par un biscaïen,

quelques minutes avant que je fusse moi-même blessé
et démonté. Le capitaine Pujol, son ami intime, le
voyant chanceler sur son cheval, lui dit : « Toulouse,
« mon ami, retire-toi, va te faire panser. » — « C'est
inutile, répondit le lieutenant, je veux mourir à cheval.
Vive l'Empereur! » — Le sang lui sortait de la bouche, son visage pâlissait ; le cheval fit un mouvement
brusque provoqué par les convulsions de son cavalier,
et le brave lieutenant tomba pour ne plus se relever.
Comment, avec de pareils officiers, y aurait-il des soldats lâches !

Un ravin assez profond qui nous séparait de l'ennemi, mettant obstacle à tout mouvement offensif,
notre général fit rétrograder la ligne par un demi-tour
à gauche par quatre, dans le but évident d'attirer
l'ennemi ; j'étais placé à l'extrême-gauche du quatrième
peloton, et comptais le numéro quatre qui devait pivoter. Au moment où nous présentions le flanc droit à
la batterie, un boulet arrive, tue les quatre chevaux
et me fait une forte contusion à la cuisse gauche. Mes
trois camarades purent se dégager et se sauver à pied,
emportant leurs porte-manteaux. Je n'en pus faire autant ; j'étais pris sous mon cheval, et tous mes efforts
ne purent me dégager. J'étais prisonnier. La cavalerie
autrichienne franchit aussitôt le ravin ; deux hussards
firent halte près de moi, mirent pied à terre et m'arra-
chèrent brutalement de dessous mon cheval pour me

dépouiller. Ils étaient occupés à cette aimable opération, quand la division prenant à son tour l'offensive, chargea l'ennemi qui avait en partie dépassé le ravin. Mes deux hussards eurent à peine le temps de remonter à cheval et de s'éloigner de moi, sans me maltraiter cependant.

Délivré ainsi par mes camarades, je me dirigeai à pied vers le village. Ma cuisse, sans me faire beaucoup souffrir, était très-enflée. Avant de m'éloigner de mon pauvre François (mon cheval) je voulus m'assurer s'il était mort. L'animal, ainsi que les trois autres avait eu le flanc percé de part en part par le boulet que j'eus sous ma cuisse pendant tout le temps que je restai à terre. L'idée me vint un moment d'emporter le projectile dans mon porte-manteau, mais j'y renonçai en songeant que je ne pourrais conserver un pareil trophée.

Je passai dans les intervalles de notre infanterie qui défendait le village d'Essling, et m'arrêtai à la première grange dans laquelle les chirurgiens de la division avaient établi l'ambulance. Le docteur du huitième hussards mit sur ma contusion une compresse imbibée de je ne sais quel liquide qui arrêta l'inflammation. Je passai la nuit assez souffrant de ma blessure à la tête.

Ce jour là, le second pont sur le Danube ayant été brisé par une violente crue des eaux ou par toute autre cause, le passage de l'armée fut interrompu. Il en résulta que les quarante mille hommes commandés par les deux maréchaux Masséna et Lannes qui avaient

pu passer sur la rive gauche du fleuve, dans la nuit du
20 au 21, se trouvant isolés des autres corps, durent
soutenir le choc de toute l'armée autrichienne dans les
journées du 21 et du 22. Nos pertes furent énormes,
la division de cuirassiers fut écrasée, et la nôtre réduite
de moitié. Le maréchal Lannes y perdit la vie; notre
colonel M. Brunet eut un bras emporté par un boulet;
notre chef d'escadron, M. Moulis, reçut plusieurs coups
de sabre; une douzaine d'officiers de la division furent
tués ou blessés. En un mot, l'affaire fut terrible, mais
nous gardâmes nos positions et nous bivouâquames
sur. le champ de bataille.

Le 22, au point du jour, l'ennemi renouvela son
attaque; le canon grondait sur toute la ligne. Nos communications avec l'île Lobau étaient interrompues. Je
n'avais plus de cheval. Que faire? Pendant que je
réfléchissais au parti à prendre, un brigadier de la
compagnie grièvement blessé arrive à l'ambulance.
Son cheval que je savais être un des meilleurs de
l'escadron, fut mis à ma disposition par le maréchal-
des-logis wagmestre. Mes blessures étant légères, je
m'empare sans hésiter du cheval et je cours rejoindre
la brigade avec quelques camarades qui avaient accompagné les blessés à l'ambulance. Arrivé à la compagnie,
j'y fus cordialement accueilli par mes camarades. Le
capitaine Pujol me fit l'honneur de me dire: « Ah!
« vous voilà encore, Calosso; vous n'en avez.donc pas

« assez? c'est bien, rentrez au peloton. » — Il faut
être sur un champ de bataille, pour apprécier la valeur
de ces quelques mots sortant de la bouche d'un brave
officier.

La division placée sur deux lignes, la droite appuyée
au bois, restait spectatrice de la lutte que soutenaient
notre infanterie et notre artillerie, contre des masses
formidables. Nous étions réduits à huit escadrons
à peu près complets, la moitié environ de ce que
nous étions quelques jours auparavant. Vers midi,
l'ennemi ayant formé un carré monstre, composé de
grenadiers hongrois, évidemment dans le but de chasser la division et de tourner la droite de notre infanterie,
le maréchal Masséna en fut inquiet, et il donna l'ordre
au général Lasalle de rompre le carré. La première
brigade, le général en tête, fut donc lancée, mais re-
poussée. Nous lui succédons immédiatement, mais
accueillis par un feu de deux rangs, nous sommes
repoussés à notre tour. Cette résistance irrite le général Lasalle. Nous nous rallions derrière la première
brigade dejà formée en colonne serrée, l'artillerie à
cheval dans les intervalles des escadrons et nous avan-
çons dans cet ordre et au pas sur le maudit carré.
A demi-portée de canon, les deux brigades font halte,
et au signal donné, les escadrons se déploient au galop.
Les pièces démasquées par cette manœuvre font pleu-
voir les boulets et la mitraille sur le carré. En moins

de deux minutes, les rangs sont tellement éclaircis que
le général Lasalle fait sonner la charge. Les escadrons
se précipitent alors sur l'ennemi. Le carré attaqué par
les angles est bientôt rompu et sabré. Le chef qui le
commande rend son épée et la troupe est faite prison-
nière.

Tandis que les brigades se reformaient pour combattre quelques escadrons détachés un peu tard,
au secours du carré hongrois, je suis désigné avec
plusieurs autres chasseurs, pour conduire nos prisonniers jusqu'à la ligne de notre infanterie. La fatalité
voulut qu'un malheureux grenadier gisant sur le sol
avec une cuisse cassée par un de nos boulets, armât
son fusil sans être aperçu par aucun de nous; la balle
part, m'atteint au dessous du genou droit et tue raide
mon cheval sous moi. L'infortuné grenadier fut à l'instant sabré par mes camarades et il trouva ainsi la mort
qu'il cherchait vraisemblablement dans un accès de
rage ou de souffrance. Voilà pourtant comme le futile
propos d'un camarade excitant ma susceptibilité me
valut deux autres blessures et la perte de deux chevaux, quand je pouvais, sur l'ordre de mon capitaine,
me retirer du champ de bataille avec mon coup de
sabre du 20. Du reste, j'en fus bien récompensé ainsi
qu'on le verra bientôt. En attendant, je me traînai
comme je pus jusqu'à l'ambulance, appuyé à l'étrier
d'un de mes camarades blessé qui se retirait avec son

cheval. La balle heureusement n'avait pénétré que dans les chairs sans atteindre le tibia. Je fus pansé sur le bord du Danube où nous passâmes le reste de la journée.

Vers le soir, le pont étant rétabli, nous fûmes transportés dans l'île Lobau à la grande ambulance d'Ebersdoff.

L'archiduc Charles ignorait-il la rupture du pont ? on serait tenté de le supposer, car la fâcheuse position des quarante mille français séparés du reste de l'armée lui étant connue, pourquoi ne profita-t-il pas de l'avantage que la fortune lui offrait ? avec des forces quadruples des nôtres, il pouvait nous accabler. Mais à cette époque, l'armée autrichienne avait de la peine à lutter contre notre ascendant et l'étoile napoléonienne brillait encore de tout son éclat !

Mes blessures étant parfaitement guéries, je quittai l'hôpital pour me rendre au petit dépôt du régiment, cantonné dans un village près de Schœnbrunn où j'appris avec une vive satisfaction ma promotion au grade de brigadier dans la même compagnie d'élite à laquelle j'appartenais, faveur que le capitaine Pujol avait obtenue pour moi du commandant du régiment en récompense de ma bonne conduite dans les trois journées d'Essling. Je dis *faveur*, car les règlements s'opposaient alors à l'avancement dans la même compagnie, et ce fut pour moi qu'on y dérogea cette fois. Ma nomination date du

28 mai 1809. Je fus d'autant plus reconnaissant de la bienveillance de mon capitaine qu'ayant été deux fois déjà proposé pour le grade de brigadier dans les compagnies du centre, j'avais remercié, préférant conserver le colback d'élite et la grenade, aux galons de laine des autres compagnies. J'avoue que cette sotte vanité qui prouve du reste mon peu d'ambition me fit beaucoup de tort en retardant mon avancement.

Quelques jours après mon arrivée au dépôt, j'en partis sur un jeune cheval hongrois avec un détachement pour rejoindre le régiment à Raab en Hongrie, où la division fut envoyée après la bataille d'Essling. J'y arrivai l'avant-veille de la jonction de l'armée d'Italie commandée par le prince Eugène. Alors le général Lasalle eut ordre de ramener sa division sous Vienne. Le 4 juillet, nous passâmes dans l'île Loban où toute l'armée s'était concentrée. Nous eûmes cette même nuit un bivouac affreux. Un orage épouvantable éclata dans lequel le tonnerre et le canon confondirent leurs détonations. Désignée de nouveau pour former l'avant-garde, la division effectua le 5, au point du jour, le passage du deuxième pont.

Arrivés sur la rive gauche, nous nous formâmes en colonnes serrées par brigade, et précédés de nos éclaireurs, nous avançâmes dans cette immense plaine à la découverte de l'ennemi qui ayant abandonné pendant la nuit du 4 tous ses ouvrages sur la rive gauche du

Danube, s'était réuni aux environs de Wagram. Un soleil de bon augure nous réchauffa et sécha promptement le terrein détrempé par la pluie de la nuit. Nous saluâmes par nos vivats *le soleil d'Austerlitz*. C'était la locution d'usage à cette glorieuse époque. Le huitième hussards et le seizième chasseurs (première brigade) formaient la tête de colonne. Les treizième et vingt-quatrième chasseurs (seconde brigade) suivaient avec leurs batteries légères.

Après avoir marché dans cet ordre pendant quelque temps, nos éclaireurs signalèrent la présence de l'ennemi en position avec des canons près d'un village. Nous fîmes halte pour attendre la grosse cavalerie qui nous suivait avec les batteries de position et déployâmes nos colonnes, la première brigade en première ligne et la nôtre en seconde. Pendant ce déployement l'ennemi nous envoya quelques boulets; l'un d'eux enleva de cheval le colonel du huitième hussards gros et puissant personnage portant sur sa poitrine un large crachat. Nos pièces ripostèrent et saluèrent à leur manière l'infanterie ennemie qui se formait en bataille sur la gauche du village. Enfin les cuirassiers nous ayant rejoints formèrent la réserve et nous passâmes à la gauche de la première brigade. Dans cette position je me trouvais à la droite du second rang du premier escadron, ayant pour chef de file un maréchal-des-logis. Un boulet le frappe à la poitrine; il tombe sans proférer un mot.

Le maréchal-des-logis serre-file le remplace aussitôt ; son cheval est tué dix minutes après. En attendant qu'il se soit remonté avec le cheval de son collègue tué qu'on avait conduit sur les derrières, M. de Rosières, lieutenant commandant le peloton, m'ordonna de prendre cette place fatale. J'obéis et je dis au chasseur placé à ma gauche : hein ! Gouvion, sera-ce notre tour ? — s'ils visent comme les coups précédents, ce sera malheureusement le vôtre, dit-il en ricanant. A l'instant je sens que mon cheval d'ordinaire si tranquille au feu s'inquiète, veut reculer et renacle en baissant la tête et dresse les oreilles, les yeux attachés sur le sol. Il est donc effrayé de quelque chose que je n'aperçois pas. Impatienté de ses mouvements de recul, je veux le contenir en place et je le châtie de deux coups d'éperon. L'étrier gauche m'échappe mais je n'en tiens pas moins les deux jambes serrées sur les flancs du cheval. Un obus éclate alors sous ses pieds et le pauvre animal est éventré par les éclats du projectile. L'étrivière gauche qui est pendante est coupée en deux, mais grâce au mouvement providentiel qui me fait tenir les jambes près du corps, je n'éprouve aucun mal. L'animal s'étant abattu, je détache mon porte-manteau et ma besace et en me retirant je dis au chasseur de gauche : — Gouvion, nettoyez vos boutons ! Cette plaisanterie faisait allusion à la première revue que le nouveau colonel, M. Ameil passa à son arrivée au régiment. Gouvion habituellement était un modèle de bonne tenue et de propreté. Ce jour là sans doute il avait négligé les boutons de son habit, car le colonel passant devant lui s'arrêta et lui dit : Comment vous appelez-vous ? — Gouvion, mon colonel. — J'ai connu un général de ce nom, il faisait nettoyer ses boutons. — Nous l'entendîmes et nous en plaisantions notre camarade sans qu'il s'en fachât. Dans les rangs français, malheur au caractère trop susceptible !

Je venais de perdre tué sous moi mon troisième cheval dans cette plaine devenue à jamais célèbre par deux grandes batailles. Je me remontai aux chevaux de main et je courus rejoindre la division que je trouvai au-delà du village abandonné par l'ennemi. Rien d'intéressant n'y eut lieu ce jour là. Cependant une forte canonnade se faisait entendre à notre droite. Nous restâmes en position jusqu'au lendemain où le corps du maréchal Bernadotte vint nous remplacer. Nos deux divisions se rapprochèrent alors du centre de l'armée et nous formâmes la réserve. Sur les dix heures, nous entrâmes en ligne et fournîmes quelques charges contre la cavalerie ennemie qui, ce jour-là, fut plus entreprenante qu'à l'ordinaire. Nous eûmes surtout bonne chance contre les cuirassiers venus bravement à nous et que nous repoussâmes avec perte. Dans la poursuite, je m'acharnai sur un maréchal-des-logis que je parvins à désarçonner d'un coup de pistolet dans les reins.

Je m'emparai de son cheval que je vendis le soir même à un chirurgien d'infanterie.

Nous passâmes la nuit sous les armes, faisant manger à tour de rôle, nos chevaux par escadron et dans un temps déterminé. Le lendemain la lutte recommença sur toute la ligne. Tous les efforts de l'armée tendaient à s'emparer de Wagram que l'ennemi défendait avec opiniâtreté. Dans l'après midi, forcé pour la dernière fois, il se mit en retraite et nous abandonna le village chèrement conquis. Des deux côtés le carnage avait été grand et le champ de bataille faisait horreur.

En poursuivant l'arrière-garde autrichienne, nous eûmes le malheur de perdre le brave général Lasalle. Echappé aux mille dangers de ces trois sanglantes journées, il fut renversé par un coup de feu isolé parti d'un taillis où s'étaient réfugiés quelques traînards. Toute l'armée regretta en lui le plus brillant et le plus hardi (après Murat) de nos officiers généraux de cavalerie. L'empereur en faisait un cas particulier.

Nos escadrons se trouvant considérablement réduits par de grandes pertes, la division fit halte et bivouaqua dans un village dont je n'ai pas retenu le nom. Nous y trouvâmes vivres et fourrages en abondance, d'excellent vin blanc dans des caves creusées sous les vignobles mêmes qui bordent la grande route. Le lendemain nous atteignîmes l'ennemi en avant de Hollabrunn. Les hulans et les hussards voulurent résister mais nous les rompimes et entrâmes pêle-mêle avec eux dans la ville en les sabrant. Nous arrivâmes enfin devant Znaïm où l'armée autrichienne s'était ralliée. Il s'y livra un combat très-vif où l'artillerie et l'infanterie jouèrent le principal rôle, la cavalerie ne pouvant pas agir librement sur un terrain couvert de vignobles. Tout-à-coup le feu cessa des deux côtés. Un armistice nous fut dénoncé et tout finit pour le moment. L'ennemi évacua la ville et se retira en Bohême ; nous prîmes nos cantonnements en Moravie où nous trouvâmes le repos et l'abondance, tandis que la paix se négociait à Vienne.

CHAPITRE III.

Vers la fin de l'automne, la division de cavalerie à laquelle j'appartenais fut dissoute. Le vingt-quatrième reprit la route de Vienne, repassa le Danube, et nous prîmes nos quartiers d'hiver dans les villes de Nein-kirken, Sattwien et villages environnants. Au printemps de 1810, nous évacuâmes l'Autriche, et par la Bavière, la Hollande et la Belgique, nous arrivâmes à Saint-Omer où nous demeurâmes en garnison. J'y fus promu au grade de maréchal-des-logis, dans la septième compagnie, et quelque temps après, maréchal-des-logis chef de la compagnie d'élite.

En juillet 1811, nous quittâmes Saint-Omer pour nous rendre à Bruxelles, et en octobre nous entrâmes en Hollande. L'Empereur nous y passa en revue à Gorcum, d'abord à cheval et puis à pied, afin de mieux s'assurer de l'état de l'habillement et de l'équipement de la troupe. En ma qualité de maréchal-des-logis chef de la compagnie d'élite, j'étais placé entre les quatre officiers, tous vieux soldats à grandes moustaches, et les quatres maréchaux-des-logis, anciens soldats aussi ayant deux ou trois chevrons sur la manche. Ma figure imberbe, sous mon énorme bonnet d'oursin, attira l'attention de l'Empereur qui s'arrête brusquement, fixe sur moi son bel œil de marbre et interpellant M. de Blanquefort, capitaine de la compagnie qui à la gauche du colonel suivait le cortége, il lui dit :

— Capitaine, voilà un maréchal-des-logis chef, bien jeune.

— Sire, il a pourtant l'honneur de servir V. M. depuis cinq ans.

— Ah ! dit l'Empereur, puis m'adressant aussitôt sa parole brève, — Enrolé volontaire ? depuis quand ?

— Oui, Sire, depuis 1806.

— Quelles campagnes ?

— Celles de 1807, en Prusse, et 1809, en Autriche, Sire.

— Blessé ?

— Oui, Sire, trois blessures reçues à Essling et trois chevaux tués dont un à Wagram.

— De quel département ?

— De celui de la Doire, Sire.

— *Piemontese ?*

— *Si, Maestà.*

— *Che studj ?*

— *Mediocri, Maestà.*

— *Bene !*

Puis se tournant vers M. Ameil : — Colonel ?

— Sire, C'est un bon sujet.

— Je vous le recommande.

Et me faisant un imperceptible mouvement de tête, avec un sourire bienveillant, Napoléon passa outre.

Chacun peut comprendre quel effet dut produire sur moi la flatteuse distinction dont l'Empereur venait de m'honorer en présence de son brillant cortége et devant mes camarades qui, après la revue, me félicitèrent comme *sous-lieutenant en herbe*. Auparavant j'admirais Napoléon comme toute l'armée l'admirait. A partir de ce jour, je lui dévouai ma vie avec un fanatisme que le temps n'a point affaibli. Je n'avais qu'un regret, c'était de n'avoir qu'une vie à mettre à son service. Que pouvais-je davantage ? Plus tard, quand sur son rocher d'exil le héros subissait les tortures de sa longue agonie, je m'associais de loin à ses douleurs; je maudissais ses bourreaux. Puis quand le *Mémorial de Sainte-Hélène* vint révéler à l'Europe une grandeur plus auguste et plus sainte qu'aucune de celles qui aient jamais élevé un homme au-dessus de ses semblables, je suivis pas à pas et les larmes aux yeux, toutes les phases de cette gloire nouvelle dont l'éclat semble grandir de jour en jour. Enfin la translation des cendres de Napoléon à Paris, en 1840, m'a rempli d'une joie si vive que je fis vœu, dès qu'elle me fut connue, d'aller faire un pélerinage à son tombeau et d'y réciter une prière de *requiem* avec non moins de ferveur que les musulmans vont à la Mecque faire leurs prières sur la tombe du prophète (1).

Plus tard, je raconterai dans quelles circonstances l'Empereur me reconnut.

Après la revue dont je viens de faire mention, le vingt-quatrième se rendit à Hambourg par Munster et Osnabruck; nous y passâmes l'hiver dans de bons cantonnements, sous les ordres du maréchal Davoust. J'eus le plaisir d'y rencontrer mon frère Probe, alors sergent au cent-onzième régiment d'infanterie. Au printemps de 1812, nous entrâmes en Prusse, passâmes la Vistule devant Marienwerder et de gîte en gîte nous

(1) Au mois d'août 1850. j'ai pu accomplir ma promesse et j'en rends grâce à Dieu.

arrivâmes à Gumbinen où nous prîmes de nouveaux cantonnements, en attendant l'arrivée successive des régiments qui devaient composer la division. Les septième et vingtième chasseurs formèrent la première brigade sous les ordres du général Corbineau ; les vingt-troisième et vingt-quatrième la seconde brigade sous le commandement du brave général Castex. A aucune époque de l'Empire, les régiments de cavalerie n'avaient atteint un effectif aussi élevé. Le vingt-quatrième comptait environ onze cents chevaux au passage du Niémen. Notre division fut attachée au deuxième corps d'armée commandé par le maréchal Oudinot duc de Reggio. Ce corps était destiné à manœuvrer sur la Dwina ayant Polotsk pour pivot. Le 21 juin, nous défilâmes pompeusement devant le quartier impérial à Wilkowitz, et le lendemain soir nous atteignîmes la rive gauche du Niémen où nous bivouaquâmes.

Les ponts militaires étant jetés sur le fleuve, au point du jour du 24, les colonnes de cavalerie d'avant-garde s'ébranlèrent et le passage commença sous les yeux de l'Empereur placé sur un mamelon qui dominait les ponts. L'ennemi ne fit nulle opposition au passage. Le deuxième corps prit la direction de la Wilia que nous franchîmes et nous marchâmes en avant sur la route de Dunabourg. A Wilkomir, nous atteignîmes enfin l'armée russe, le vingt-quatrième étant à son tour de rôle tête de colonne. Nous marchions depuis

environ quatre heures dans un grand bois de sapins,
quand nos éclaireurs signalèrent la présence de l'ennemi par quelques coups de carabine. La compagnie
d'élite forma sur-le-champ ses pelotons et partit au
trot suivie du reste du régiment. En débouchant dans
la petite plaine qui sépare le bois de la ville, nous faisons tête de colonne à gauche et aussitôt sur la droite
en bataille au galop. Nos tirailleurs étaient déjà aux
prises avec les cosaques. Une batterie nous envoie
quelques boulets pendant la formation, mais en moins
de dix minutes tout le régiment se trouva en ligne.
La compagnie d'élite eut dix chevaux tués, mais
(chose extraordinaire) pas un homme ne fut blessé.
Notre batterie légère riposta pendant que les trois
autres régiments se formaient derrière nous. Nous
prîmes alors l'offensive en chargeant les cosaques que
nous culbutâmes, et nous entrâmes pêle-mêle avec eux
dans la ville où nous fîmes quelques prisonniers. Leurs
chevaux nous servirent à remonter ceux de nos chasseurs qui avaient perdu les leurs. Comme l'ennemi avait
brûlé le pont, nous prîmes position. Vers le soir, un
corps de dragons russes croyant la ville occupée par
les siens marchait avec confiance dans notre direction
longeant la rive opposée. Le général Castex les ayant
reconnus avec sa longue vue fit placer nos deux batteries de manière à enfiler la colonne russe lorsqu'elle
serait arrivée à bonne portée. En même temps, nos

vedettes qui auraient pu être reconnues, eurent ordre de se replier. Au signal donné, les pièces font feu simultanément. Les dragons surpris s'arrêtent ; nos boulets et notre mitraille font des ravages dans la colonne qui finit par rompre ses rangs et essaie de se soustraire aux projectiles en se débandant. Par malheur, le pont n'étant pas encore rétabli, nous ne pûmes les poursuivre. Ils laissèrent sur le terrein une trentaine de chevaux et quelques hommes.

Le lendemain, nous suivîmes la piste de l'ennemi sans pouvoir l'atteindre qu'à Dunabourg où il parvint encore à nous échapper en mettant la Dwina entre nous. Il abandonna aussi le camp retranché à grands frais devant la ville de Drissa. Nous remontâmes alors la Dwina pendant deux jours et jetâmes un pont sur ce fleuve que le deuxième corps entier passa pour atteindre la grande route de Polotsk à Saint-Pétersbourg. Nous faisions de très-petites journées de marche, et nous nous arrêtions même quelques jours dans nos bivouacs afin de subordonner nos mouvements, je le suppose, à ceux de la grande armée qui, avec l'Empereur, marchait sur Witepsk.

Le 30 juillet, étant à l'avant-garde, nous retrouvâmes les russes à Jacobowo. Tout le corps du général Witgenstein y était réuni et occupait une forte position. Le gros du nôtre était encore sur la Drissa. L'infanterie légère et quelques batteries à cheval nous avaient seules suivis. Voyant les forces supérieures de l'ennemi, nous nous repliâmes sur la Drissa que nous repassâmes suivis de près par la cavalerie légère des russes. Cette rivière étroite et très-encaissée coupait la grande route et coulait dans un immense bois de sapins sous un pont en bois. C'était un véritable défilé propre à servir de piége. Le maréchal Oudinot, par une feinte retraite, y attira l'ennemi et faisant brusquement volte-face dans une petite plaine peu distante du pont qu'on eut soin de ne pas détruire, il l'attaqua vivement dans sa position désavantageuse ayant la rivière à dos, l'y culbuta et le contraignit à une retraite précipitée. La cavalerie russe se sauva dans le bois, et l'infanterie ainsi que l'artillerie qui né put pas repasser le pont se trouvèrent prisonnières.

Cette brillante manœuvre du 1er août nous valut une vingtaine de pièces, six mille prisonniers et une grande quantité de caissons et de voitures. Le général russe se retira à Jacobowo et nous ne le revînmes plus que le 16, jour où il reprit l'offensive.

Le deuxième corps renforcé de celui des Bavarois commandés par le général De Wrède établit son camp dans la plaine en avant de la ville de Polotsk. La cavalerie légère prit ses bivouacs d'avant-poste sur la Polota. Nous fîmes quelques reconnaissances au delà et sur la route de Nevel. En fourrageant, nous eûmes quelques rencontres insignifiantes avec les Cosaques. Le 16 août, l'ennemi fit une tentative contre notre camp; il échoua mais ne s'éloigna pas. Le maréchal Oudinot grièvement blessé dans le combat, céda le commandement de son corps au général Gouvion-Saint-Cyr et se retira à Wilna. Le surlendemain, 18, Saint-Cyr débuta par une éclatante victoire qui lui valut le bâton de maréchal de l'empire.

Afin de donner le change au général russe toujours établi en vue du camp occupé par les divisions Legrand, Moison, Saint-Cyr et les Bavarois du général De Wrède, notre nouveau général en chef, dans la journée du 17, ordonna un mouvement général de retraite sur la ville de Polotsk. Les suisses du général Merle gardèrent seuls les ouvrages de campagne. La division de cavalerie légère, celle de cuirassiers et leurs batteries passèrent le fleuve en présence de l'aile droite ennemie. Pendant la nuit, toutes ces troupes repassèrent dans l'obscurité et avec le plus profond silence sur la rive droite, se massèrent dans les plis que formait le terrein et dans les retranchements sans être aperçues par l'ennemi; puis on attendit de nouveaux ordres.

Dans la matinée du 18, le général Witgenstein voyant quelques équipages passer le pont, crut que les français évacuaient la ville. Il fut confirmé dans cette opinion en n'apercevant dans les ouvrages que quelques troupes qu'il supposa former l'arrière garde. Il fit alors avancer ses colonnes sur la ville et il tomba dans le piège. A un signal convenu, toutes nos colonnes d'attaqué s'ébranlèrent simultanément et prirent les directions données d'avance à chaque brigade. Ce mouvement fut si promptement exécuté et l'attaque fut si franchement faite, avec cette furie naturelle aux troupes françaises, que l'ennemi surpris en flagrant délit s'arrêta dans son mouvement offensif et tenta de faire bonne contenance. Mais foudroyées par les batteries des ouvrages et par l'artillerie des divisions, ses colonnes furent entamées, culbutées par notre infanterie d'abord, puis sabrées par nos cuirassiers. Il fit précipitamment sa retraite, partie sur la route de Jacobowo, partie sur celle de Drissa, divisant ainsi ses forces. Il laissa en notre pouvoir quelques pièces, voitures et bagages, et beaucoup de prisonniers. Notre général en chef (Gouvion-Saint-Cyr) fut culbuté et blessé par les chevaliers-gardes russes. Telle fut la bataille de Polotsk, 18 août.

Au début de cette affaire, je faillis être coupé en deux par un boulet; mais moi qui ai vécu 18 ans parmi les musulmans et qui suis devenu un peu fataliste comme eux, je dis que je n'étais pas prédestiné à l'atteinte de ce boulet, pas plus que Sterne n'était prédestiné à faire l'aumône au moine de l'auberge de Calais. Voici le fait. La place assignée d'avance à notre brigade était à notre extrême gauche en face d'un corps de cavalerie russe en position avec du canon

et à cheval sur la route de Drissa. Un pli de terrein
nous dérobait à leurs regards. Au signal donné, le
vingt-troisième se met en mouvement et par un *en
avant en bataille au galop* forme sa ligne de bataille
en vue de l'ennemi. La batterie russe fait feu. A notre
tour, nous sortons de notre cachette et nous nous for-
mons au galop à la gauche du vingt-troisième. Alors
notre artillerie riposta. J'étais à ma place de serre-file,
derrière le premier peloton de la compagnie. Le capitaine m'appelle pour me donner un ordre relatif aux
chevaux de main. En retournant à ma place, je passe
près de Mongin, maréchal-des-logis de la droite de
l'escadron qui m'offre de l'eau-de-vie. J'accepte et me
place parallèlememt à sa droite. Au moment où il me
passe son bidon je vois venir un boulet ricochant dans
notre direction. Prenez garde, dis-je à Mongin. Il s'ap-
puie sur moi au lieu de faire son écart dans le sens
opposé. Je cède involontairement à sa brusque pression;
étrange fatalité! Si Mongin au lieu de faire son écart
à droite, l'eût fait à gauche, j'étais frappé en pleine
poitrine et lui n'était même pas touché. Contre toute
vraisemblance, Mongin me repousse et détourne de
moi le projectile qui lui emporte un bras et tue raide
le brigadier Pradel placé derrière lui au second rang.
En toute circonstance et surtout sur un champ de
bataille, je prétends qu'un militaire doit être à son
poste et y courir les chances du sort.

Quelque temps après, la brigade entreprit la charge
contre la batterie et les escadrons de hussards qui la
défendaient. Leur premier rang était armé de lances.
Chose extraordinaire, c'était la première fois que nous
les voyions de la campagne. Nous enlevâmes quelques
pièces, sabrâmes les hussards et les poursuivîmes sur
la route de Drissa tandis que le gros du deuxième
corps culbutait l'ennemi sur celle de Jacobowo. Ayant
atteint pour ma part un cavalier isolé, je lui portai un
si vigoureux coup de pointe au cou qu'il tomba de cheval. L'animal une fois libre rejoignit les siens. Le fourrier
de la cinquième compagnie qui se trouvait à peu de
distance ayant vu le coup me dit : bravo ! M. Calosso,
voilà ce qu'on appelle *la botte du cochon*. La locution
n'était pas, comme on voit, du meilleur goût, mais je
la donne pour ce qu'elle vaut. La poursuite se prolongea
jusqu'à la nuit, où nous prîmes nos bivouacs.

CHAPITRE IV.

Suite de la campagne de Russie. — Désastres de la
retraite. — Singulière reconnaissance.

Le lendemain, marchant sur Drissa, la brigade suivit
la piste de l'ennemi sur un terrain assez éloigné de la
chaussée et arriva devant la ville au moment où nos
cuirassiers, qui avaient tenu la grande route, exécutaient une charge contre l'arrière-garde qui défendait
le pont sur un des affluents de la Dwina. Nous nous
mettons en bataille dans un champ, la droite du régiment
appuyée au bois. Le vingt-troisième qui nous suivait
forma la seconde ligne.

Aussitôt une batterie nous envoie plusieurs boulets et obus. Je me trouvais en avant du centre du quatrième peloton que je commandais, en l'absence du lieutenant blessé la veille. Mes chasseurs riaient aux éclats en plaisantant les cuirassiers qui, à les entendre, ne chargeaient qu'en *poules mouillées.*

Le loustic de la compagnie, Andrieux, lâcha quelques gros mots que je ne puis consigner ici. Au moment où je me retourne pour imposer silence à mes bavards, un boulet me rase de si près la figure que je la sentis en feu. Je restai bouche béante pendant quelques minutes sans pouvoir articuler une parole. J'éprouvai un moment la frayeur de rester muet pour le reste de mes jours. J'avais connu en 1807 un maréchal-des-logis de hussards qui avait radicalement perdu la parole dans une circonstance identique. J'en fus quitte pour la peur. En attendant, le projectile poursuivant sa route alla frapper le malheureux Andrieux à la tête et le renversa de cheval.

De notre position on apercevait très-distinctement le camp retranché que l'ennemi avait abandonné au début de la campagne. Nous passâmes la nuit en vue de la ville occupée par les Russes et avant le jour, nous reprîmes tous le chemin de Polotsk dont le deuxième corps, par ordre de l'Empereur, ne devait pas s'éloigner. C'était un point fort important de sa ligne d'opérations.

Le général St-Cyr, ainsi que je l'ai déjà dit, fut promu au grade de maréchal d'Empire à l'occasion de cet éclatant fait d'armes. Les différentes divisions reprirent leur positions premières et la nôtre retourna à son bivouac d'avant-postes. Il n'y eut plus de combats remarquables jusqu'au 18 octobre que nous abandonnâmes Polotsk et la rive droite de la Dwina pour manœuvrer de manière à nous rapprocher du Borysthène au secours de la grande armée qui opérait sa désastreuse retraite.

Avant de raconter nos opérations militaires de cette époque fatale, qu'il me soit permis de faire mention d'une petite anecdote relative à mon ami Mongin. Le surlendemain de notre retour de Drissa à notre premier bivouac, on nous envoya nous tous maréchaux-des-logis chefs et fourriers à Polotsk avec l'intendant général du corps d'armée pour un travail de comptabilité. Notre besogne terminée, j'allai voir Mongin à l'hôpital. Il avait subi avec succès l'amputation du bras ; il était en voie de guérison et s'attendait à être expédié d'un jour à l'autre au grand hôpital de Wilna. Je lui exprimai le regret d'avoir été la cause innocente de son malheur. Ce brave garçon me dit: Bichette (c'était son expression d'amitié avec moi) n'ayez aucun regret, cela devait arriver, n'en parlons plus. — Sachant qu'il n'était pas bien fourni d'argent, je lui demandai comme dernier gage d'amitié, de vouloir bien accepter une partie de mon petit pécule. Il prit quelques napoléons et me recommanda son frère qui servait comme simple chasseur dans la compagnie. Puis il me pria de lui trouver un objet auquel il attachait un grand prix d'affection et qu'il avait perdu au moment de l'amputation.

C'était une alliance en or, souvenir d'une personne que je connaissais et qu'il aimait avec passion. — Très-volontiers, dis-je à Mongin, indiquez-moi seulement l'endroit où je pourrai trouver le membre amputé. — Vous souvenez-vous, me dit-il, du petit bouleau près duquel nous étions assis un quart-d'heure avant le combat? — très-bien. — C'est sous cet arbre même que le chirurgien du 23me m'a fait l'opération. Mon bras fut jeté dans le fossé desséché à peu de distance de l'arbre à côté de la Dwina. — Cela me suffit, je le vois d'ici. Puis je le quittai pour monter à cheval et accompagné de mon fourrier Baurain je me rendis au lieu désigné. J'allais droit au bouleau solitaire quand Baurain, qui était présent au moment des indications données par Mongin, s'écria : voilà le fossé, voilà le fossé! nous en approchons, nous mettons pied à terre et reconnaissons facilement le bras à la couleur verte du drap de la manche, au parement capucine et au galon en argent du grade. La main encore gantée était ainsi que le bras très-enflée. Je savais que Mongin portait la bague au medium. Avec mon canif je coupai le gant pendant que Baurain soutenait le bras et la bague se découvrit ; mais comment l'avoir intacte ? les chairs la débordaient de deux lignes au moins. Je désarticulai la troisième phalange, non sans difficulté, et l'alliance fut dégagée, puis enveloppée dans un carré de papier et portée sur le champ à son propriétaire. A la vue de cet objet regretté, Mongin, les larmes aux yeux, me dit : Merci, mille fois merci, Bichette, je n'attendais pas moins de votre amitié; je la reverrai, j'espère, à mon passage à B. . . . je lui dirai tout et nous parlerons encore de vous. — Je fis mes adieux à cet excellent camarade, je l'embrassai et partis pour le camp. Mongin était un de mes meilleurs maréchaux-des-logis. Décoré de la légion d'honneur depuis Wagram, il eut été promu officier avant la fin de la campagne sans le malheur qui l'avait privé d'un membre. Dans les derniers mois de 1812, il rentra en France et obtint une place dans l'administration des eaux et forêts à Saint-Germain-en-Laye. Lorsque je fus à Paris en 1814, j'allai le voir ; je le trouvai dans une aisance modeste et toujours en possession de sa chère bague. Plus tard, quand je revins à Paris, en 1824, j'appris avec douleur que le pauvre Mongin avait succombé depuis peu à une fièvre cérébrale. Quant à son frère, il disparut dans la retraite de Russie.

Reprenons maintenant le cours de nos opérations militaires après l'évacuation de la ville de Polotsk.

Deux jours après, l'ennemi nous talonnait déjà. A

l'arrière-garde, nous avions de fréquents engagements avec sa cavalerie légère. Le 1er novembre, le deuxième corps et le neuvième que commandait le maréchal duc de Bellune firent leur jonction à Lépel, petite ville de la Lithuanie. Le neuvième corps était le troisième échelon de l'armée sur la ligne d'opération et avait pour pivot Witepsk autour de laquelle il devait opérer comme le deuxième corps à l'égard de Polotsk; mais par la force des événements, ils durent abandonner leurs positions. Ces deux corps réunis présentaient encore un effectif de quarante-mille combattants bien aguerris et bien disciplinés. M. De Wrède avait disparu avec ses Bavarois!...

Ici commence cette chaîne de malheurs que nulle plume ne saurait rendre. Le deuxième corps auquel j'appartenais chargé de pivoter autour de Polotsk, n'avait pas suivi la grande armée à Moscou et il ne prit part ni à la bataille de Smolensk ni à celle de la Moskowa ; il ne connut que par les correspondances de l'armée l'incendie de Moscou et les malheurs qui le suivirent. Mais en partageant les douleurs de l'armée il ressentit comme elle les rigueurs d'un hiver terrible et les indescriptibles souffrances de la retraite.

La transition atmosphérique brusquement survenue, nous enlevait chaque nuit quelques chevaux. Les hommes supportaient mieux le froid; les vivres ne nous manquaient pas encore et nous tenions bon, malgré la rigueur de la saison.

Tout en contenant le général russe qui avait reçu des renforts considérables, nos deux maréchaux évitèrent les engagements sérieux et réussirent en dérobant à l'ennemi quelques marches, à atteindre la grande route de Moscou, près de la ville d'Orcha, si ma mémoire est fidèle. Nous y rencontrâmes l'Empereur avec les débris de la grande armée, naguère la terreur de l'Europe et alors si cruellement diminuée.

Aujourd'hui encore, après un laps de quarante-cinq années, mon cœur se serre au souvenir d'un aussi grand désastre. Quelles souffrances et quelles privations tant de braves ne durent-ils pas supporter sous ce terrible climat ! Le maréchal Ney avec une poignée de soldats de tous les corps lesquels résistaient encore aux éléments destructeurs, formait l'arrière-garde et par son attitude héroïque, contenait souvent l'ennemi.

Si plus tard l'infortuné maréchal commit une faute politique dans des circonstances trop fortes pour son organisation exclusivement militaire, le souvenir seul des services qu'il rendit à la France et à l'armée dans la retraite de Russie eut dû protéger sa tête contre les violences d'une époque de réaction que je n'ai point à juger ici. Je me borne à exprimer un regret que doivent partager tous les cœurs patriotes.

Dans cet affreux état de choses, nous apprîmes, nous, deja écrasés sous le poids de tant de malheurs, la terrible nouvelle que le corps autrichien qui avait mission de couvrir et défendre la ville de Minski et les immenses magasins sur lesquels l'armée fondait ses plus chères espérances de ravitaillement, avait abandonné ville et magasins, c'est-à-dire les avait livrés aux russes nouvellement arrivés de la Moldavie par suite de la fatale paix de Jassy. Nous apprîmes ensuite que le corps commandé par l'amiral Tchichakoff et fort de trente-mille hommes, après avoir pillé et brûlé nos magasins, s'était porté sur la ville de Borisow et en avait expulsé la division polonaise du général Dombrowski ; enfin que la division russe du général Lambert émigré français au service de l'empereur Alexandre, était sur la rive gauche de la Bérésina, tandis que l'amiral avec son corps, était en position sur les hauteurs de la rive droite afin de nous intercepter le passage de cette rivière. Dans ces circonstances critiques, l'Empereur ordonna au maréchal Oudinot, qui guéri de ses blessures, avait rejoint l'armée et repris le commandement du deuxième corps, de tomber tête baissée sur la division Lambert, de la culbuter, de s'emparer de la ville et du pont et d'assurer ainsi la retraite de l'armée. C'était le 22.

Nous nous mîmes aussitôt en marche. Le surlendemain nous recueillîmes la division polonaise que les Russes poussaient sur nous et tombâmes avec fureur sur l'ennemi. Surpris de rencontrer tant d'audace èt de vigueur chez des gens qu'il croyait tous mourants de

faim, de misère et de froid, il fit précipitamment
sa retraite sur Borizow, abandonnant à notre avant-
garde une grande quantité de voitures chargées de
vivres, ce qui, vu la pénurie dont nous souffrions sur
une route déjà dévastée, fut une véritable bonne fortune pour nous et pour tout notre corps d'armée. Le
régiment, après avoir sabré quelques escadrons de
dragons avec l'aide de la batterie légère qui suivait nos
rapides mouvements, tomba sur le régiment de chasseurs à pied de Finlande qui défendait les approches
de la ville, l'enveloppa, et sans essuyer de grandes
pertes, le fit presque tout entier prisonnier. Je regrette
de n'avoir pas conservé dans ma mémoire le nom de
l'intrépide commandant de la batterie du quatrième
d'artillerie à cheval qui, malgré sa jambe de bois,
sabrait avec nous, tandis que ses artilleurs mitraillaient
une colonne ennemie qui, sur notre droite, se réfugiait
dans la ville.

Maîtres des premières maisons, une partie de nos
chasseurs ayant mis pied à terre s'y établirent en attendant l'arrivée de notre infanterie légère. Le hasard me
fit tomber sur la maison où se trouvait la voiture tout
attelée et abandonnée du général russe. Je permis à
mes cavaliers de la piller, ne me réservant qu'une partie
des provisions de bouche consistant en biscuit, viandes
salées, thé, rhum et autres friandises que je parta-
geai avec les officiers de l'escadron au bivouac du soir.

Malheureusement l'infanterie russe protégée par les maisons dont il sortait sans cesse une fusillade bien nourrie nous arrêtait, et elle eut le temps de préparer la destruction du pont avant d'être forcée d'abandonner la ville. L'ennemi put donc à son aise nous contenir, repasser la rivière, en brûler le pont, tout en envoyant sur les maisons que nous occupions forcé obus afin de nous en déloger par l'incendie. Le onzième d'infanterie légère vint enfin nous remplacer et nous établîmes nos bivouacs en arrière et à cheval sur la grande route.

Napoléon, arrivé avant la nuit du 25, s'arrêta à quelques pas de nous sans mettre pied à terre, braqua sa lunette sur le camp ennemi dont on distinguait sur les hauteurs les différentes armes à l'œil nu, et peu d'instants après, des aides-de-camp portaient de nouveaux ordres aux différentes divisions.

La première brigade de cuirassiers qui avait établi son camp derrière nous, monta à cheval et prit la route qui suit, en aval, le cours de la Bérésina. Quelques bataillons suivis de quantité d'équipages militaires marchèrent dans la même direction. Nous sûmes le lendemain que la marche de ces troupes avait donné le change à l'amiral russe qui crut que l'empereur tenterait le passage en aval de Borizow, tandis que nous devions réellement l'effectuer en amont. Cette fausse démonstration sauvera l'armée comme on le verra bientôt.

A nuit close, nous quittâmes silencieusement nos bivouacs, remontâmes la rive gauche et arrivâmes au point du jour au village de Studienka. Depuis trois jours, la température s'était un peu adoucie, mais pendant cette dernière nuit, le froid avait repris toute son intensité. A notre arrivée à Studienka nous grelottions tous sous la rigueur d'une température glaciale, mais il était défendu d'allumer des feux. L'infanterie et l'artillerie arrivèrent dans la matinée. On s'occupa sans retard de la démolition des maisons les mieux conservées pour se procurer les matériaux nécessaires à la construction d'un pont. Les marins de la garde et les pontonniers se mirent à l'œuvre. On nous permit alors les feux. Au grand jour, nous aperçumes sur la rive opposée les colonnes russes en marche sur Borizow. L'amiral trompé par la démonstration de la veille, concentrait ses troupes au dessous de cette ville, ce qui nous expliqua la bienheureuse évacuation du terrein vis-à-vis duquel nos pontonniers travaillaient sans opposition aucune.

Nous étions massés dans un pli de terrein entre la berge de la rivière et le village, et en vue de l'ennemi qui n'en continuait pas moins sa marche. Telle est la force de la discipline qu'aucun chef ne crut pouvoir désobéir (heureusement pour nous) aux ordres de l'amiral. Nous nous disions entre nous : Il faut bien croire que ces imbéciles ne se soucient pas des avantages de leur position.

L'Empereur passa près de nous pour se porter sur la petite éminence qui, de ce côté, dominait le cours de la rivière. Tous nos regards étaient fixés sur lui. Dans des circonstances aussi critiques, nous ne cessions d'avoir foi en son génie; pas un soupir, pas un murmure ne partit de nos rangs. Sa reconnaissance finie, Napoléon repassa près de nous; il nous parut plus satisfait, il causait et gesticulait vivement avec ses généraux. Nous ne pouvions pas l'entendre, mais nous comprenions qu'il se félicitait d'avoir induit l'amiral en erreur. Peu après, une double batterie s'établit sur le mamelon que l'empereur venait de quitter; il nous fut permis alors de nous y porter afin de voir défiler l'ennemi dont l'arrière-garde se retournait souvent pour épier nos opérations; mais la discipline moscovite servit l'Empereur à souhait.

Le pont achevé dans l'après-midi du 26 Novembre, sauf erreur d'un jour, l'ordre nous fut donné d'effectuer le passage. Il serait impossible de se faire une idée de l'enthousiasme qui nous animait. Tous, nous avions le sentiment de l'importante mission qui nous était confiée. Il s'agissait de sauver l'armée, et l'Empereur était là! ne fallait-il pas le sauver aussi lui? L'histoire dira que le deuxième corps a bien mérité de la France dans ces trois mémorables journées. Le neuvième corps resté sur la rive gauche à la défense des ponts, mérita par son généreux dévoûment la palme du martyre. Repos aux cendres des généreux soldats qui y périrent, et gloire aux braves qui eurent le bonheur d'échapper au plus grand des désastres de cette terrible campagne!

Les débris du septième de lanciers polonais qui connaissaient les lieux mieux que nous passèrent les premiers, et comme l'Empereur désirait qu'on lui amenât des prisonniers pour les interroger, nos braves alliés se lancèrent sur les traces des cosaques et en saisirent deux qu'ils amenèrent au quartier général. A notre tour de jour, nous suivîmes la cavalerie polonaise. Le vingt-troisième passa ensuite. Le pont n'offrant pas une grande solidité, il fallut le franchir à pied et par précaution conserver une certaine distance entre un cheval et l'autre, ce qui retarda le passage de la brigade. Une fois sur la rive droite, nous montions à cheval à volonté, et une fois réuni chaque escadron se portait en avant sur la route de Borizow à Wilna qui n'était pas éloignée. La première brigade et la division de cuirassiers nous rejoignirent dans la nuit. Les grandes gardes placées et la nuit survenue, nous établîmes nos bivouacs dans le grand bois. Le reste du deuxième corps, réduit alors à douze-mille hommes environ, campa dans la petite plaine aux alentours d'un hameau. Le chaume des maisons servit de nourriture à nos pauvres chevaux.

Les chasseurs de la compagnie, après avoir pourvu

de leur mieux aux besoins de leurs chevaux, allumèrent
un grand feu autour duquel nous nous chauffions.
Chaque cavalier portait à la communauté son contingent
de vivres pris l'avant-veille sur l'ennemi, et les cuisiniers
s'occupèrent de la soupe. Un malheureux blessé s'approche alors timidement de notre cercle. Mais un
chasseur lui dit brutalement : Camarade, si vous voulez
vous chauffer, allez chercher du bois.— Indigné, je me
lève, je fais asseoir le blessé à la place que j'occupais
en disant au chasseur : Vous êtes lâchement brutal ce
soir, vous d'ordinaire si brave et si bon.— Honteux
de sa conduite il quitte le cercle, les larmes aux yeux.
Je ne le rappelai pas. Le chasseur Maurin était cependant un bon camarade, mais dans ces circonstances
extraordinaires, placé sous l'influence d'une misère
affreuse, il céda momentanément à un mouvement
égoïste qu'il est facile de comprendre. Le pauvre
Maurin avait d'ailleurs perdu son frère, officier de la
septième compagnie, qui périt dans la charge en avant
de Borizow et son caractère avait pu en être aigri.

Je reviens à notre malheureux hôte qui avait reçu,
comme je l'ai dit, une blessure à la tête. Une fois
assis à ma place il sortit d'un petit sac de cuir un
lambeau de chair de cheval qu'il présenta à l'action
du feu, après l'avoir embrochée avec son épée. Tout cela
se fit sans qu'il prononçât une parole ou détournât ses
regards du foyer. En le considérant avec attention, je

remarquai les graines d'épinards de la dragonne attachée à la garde de l'arme qui faisait le service de broche.
Cette circonstance me fit reconnaitre un officier supérieur dans ce malheureux enveloppé dans une pelisse
de paysan moscovite en partie grillée par les feux des
bivouacs. De son uniformé on ne voyait qu'un collet
crasseux, rabattu, d'une couleur douteuse. Il avait pour
coiffure un bonnet d'astrakan gris autour duquel était
roulé un mouchoir jadis blanc. Je lui dis sans hésiter :
— Vous êtes blessé, commandant? — Oui, camarade,
me répondit-il avec un accent italien et en jetant sur
moi des yeux inquiets. — Sans indiscrétion, commandant, à quel corps appartenez-vous ? — Je suis colonel
de l'un des régiments de la garde royale italienne. —
Colonel ! italien ! m'écriai-je, en l'approchant d'avantage, c'est un piémontais qui est assez heureux de vous
offrir ses faibles services. Et appelant mon chasseur je
lui fis donner un biscuit, du rhum et quelques morceaux de sucre, toutes dépouilles tirées de la voiture
du général russe. Ce brave homme stupéfait de mes
offres dans ce moment de pénurie générale, accepta tout
les larmes aux yeux; il but quelques gouttes de la pré-
cieuse liqueur et me dit d'une voix émue : — *Caro, voi*
siete oggi la mia provvidenza; questo liquore mi ristora
e mi rende le forze perdute; quanto ve ne sono grato !
grazie, grazie, mio buon amico. — Je repris dans la
même langue : — *Signor colonello, lasci per ora quella*

carne; intanto che la minestra cuoce, mangi un poco di biscotto.

Quand la mauvaise soupe au lard pris aussi sur les russes fut prête, nos chasseurs lui en trempèrent une assiette avec quelques fragments de biscuit et la lui présentèrent avec un morceau de lard, et tous s'empressèrent auprès de lui et garnirent du peu qu'ils possédaient le sac de cuir du respectable blessé, lequel ne savait comment remercier ces braves cœurs. Après son repas, il s'endormit sur place; je mis quelques brins de paille sous sa tête et quelques branches de sapin que mes chasseurs arrangèrent au dessus lui tinrent lieu d'abri, car il neigeait fort. Au point du jour, nous montâmes à cheval et laissâmes notre hôte endormi. Notre hospitalité ne put aller plus loin. Que sera devenu l'infortuné colonel? le peu de nourriture que nous mîmes dans son sac ne sera-t-il pas devenu la proie de quelques affamés? Il est bien douteux, en tout cas, qu'il ait pu supporter l'immense misère qui accabla l'armée jusqu'à Wilna. J'ai bien regretté par la suite de n'avoir pas eu la présence d'esprit de lui demander son nom afin de le consigner ici.

Comme nous marchions à la rencontre de l'ennemi qui ravisé revenait sur ses pas de la veille, M. Délibes, adjudant sous-officier du régiment, m'accosta et me dit confidentiellement: — « L'Empereur a accordé hier soir une partie des demandes que le colonel m'avait chargé de rédiger pour le remplacement des officiers tués ou prisonniers. Vous y figuriez pour le grade de sous-lieutenant, et à défaut, pour la décoration; mais cette fois encore vous jouez de malheur car le colonel m'a dit cette nuit : — « Calosso n'aura encore rien. Ses co-candidats plus âgés et plus anciens de service lui ont été préférés. »

Je remerciai mon ami Délibes de sa confidence et sus bon gré à mon colonel de ne m'avoir pas oublié. Mais en même temps je trouvai juste que puisque l'Empereur n'avait pas accordé toutes les demandes, l'âge et l'ancienneté de service, à mérite égal, eussent la préférence. C'était, ma foi, bien le moment d'avoir de l'ambition ! Délibes fut tué ce jour là même.

Vers les neuf heures, le feu de nos avant-postes nous annonça de nouveaux combats. Au cri de *vive l'Empereur !* nous prîmes nos positions, et malgré la grande supériorité numérique de l'ennemi, nous comptions sur la victoire. Le sort de l'armée en dépendait. Nous savions que pendant la nuit notre pont avait cédé mais avait été réparé sur le champ. Nous savions encore qu'un second pont plus solide était en construction pour le passage de l'artillerie et des bagages. La retraite était donc assurée si nous pouvions pendant deux jours tenir tête aux troupes de l'Amiral. C'est ainsi que nous avons contenu des forces triples des nôtres qui, sur un champ de bataille très-circonscrit, se relevaient pour nous accabler. Pendant ces deux jours, nous fîmes environ deux mille prisonniers qui périrent presque tous de faim les jours suivants sur la route de Wilna. Il ne restait plus que quatre officiers faisant le service au régiment réduit à un faible escadron. Nous nous disions entre nous survivants : — « L'Empereur doit être content de nous ! »

Voyons maintenant ce qui se passait sur la rive gauche pendant que nous combattions sur la rive droite. Le neuvième corps, sous les ordres du maréchal Victor, défendait les ponts contre les corps réunis de Kutuzoff et de Wittgenstein. Une grande partie de l'armée tout en désordre, put pendant deux jours effectuer le passage et s'écouler par la route de Wilna. Les trainards, quelques blessés et une immense quantité d'équipages durent être sacrifiés lorsque le maréchal Victor accablé par des forces infiniment supérieures et voyant l'impossibilité de défendre plus longtemps le passage avec si peu de troupes, se décida à faire brûler les ponts que les projectiles ennemis balayaient déjà depuis quelques heures, et retarder d'autant la poursuite.

Depuis ce jour de douloureuse mémoire, la discipline des deux derniers corps existants se relâcha considérablement; puis le mauvais exemple communiqua sa contagion. Comment contenir en effet, comment préserver de la débandade tant de braves et malheureux soldats auxquels on n'avait pas de pain à donner ?

Pour vivre il fallait s'éloigner des grandes routes, au risque de tomber dans les partis des cosaques qui nous débordaient de toutes parts, mais avec la chance de trouver quelques vivres chez les bons paysans lithuaniens qui partageaient avec nous le peu qu'ils avaient. Nous résolûmes, une douzaine de camarades et moi tous animés d'une énergique volonté, de nous soutenir et de suivre ce parti. Nous nous jetâmes sur la gauche de la grande route dévastée, et guidés par une carte du pays que je possédais, nous nous maintînmes toujours à une bonne distance. Souvent nous rencontrions des cosaques aussi affamés que nous, et alors nous nous disputions les fáibles subsistances qui nous tombaient sous la main, et protégés par les polonais qui presque toujours faisaient la garde tandis que nous et nos chevaux prenions quelques heures de repos, nous atteignîmes, moi cinquième de douze que nous étions d'abord, la ville de Wilna par un froid de trente degrés. Nos sept autres camarades s'étaient perdus les uns sous la balle des cosaques, les autres sous l'action meurtrière de la faim, de la fatigue et du froid. Ceux qui échappèrent avec moi étaient les nommés Lafond, Lechauve, Gaston et Petitpas. J'ignore si quelqu'un d'entr'eux vit encore.

Arrivés à la porte de Wilna le 10 Décembre au soir, nous y trouvâmes une telle cohue de désordre et d'indiscipline que nous eûmes beaucoup de peine à y pénétrer.

Nous mîmes pied à terre en attendant l'instant où nous devions passer à notre tour. A ce moment, un Polonais proprement habillé m'accoste, me regarde avec compassion, puis sans proférer un mot, il brise avec le talon de sa grosse botte fourrée la neige gelée sur laquelle nous marchions; il en prend une certaine quantité dans ses deux mains, m'en couvre la figure et se met à me frictionner avec beaucoup de vivacité. Je tenais en ce moment mon cheval par le montant gauche de la bride avec ma main droite, et la gauche appuyée sur la garde de mon sabre je frappais les pieds contre terre pour me réchauffer. Qu'on se figure ma colère en me voyant traiter de cette manière. J'allais tirer mon sabre pour venger ce que je considérais comme un outrage, quand ce brave homme me dit en allemand: — Votre visage se gèle, votre nez et vos joues seraient bientôt grangrenées sans le remède que je viens de vous appliquer.— Et en s'éloignant, il me recommanda de recommencer moi-même l'opération. Mon visage était en feu comme si on l'eût couvert de vitriol; néanmoins la crainte de la terrible grangrène me donna le courage de répéter le remède indiqué. Ce brave polonais cherchait dans la foule les malheureux auxquels il pouvait rendre le même service. Avant de quitter la place, je le vis exercer son humanité sur un fantassin. Les jours suivants l'épiderme de ma figure se détacha par fragments assez semblables à des écailles de poisson.

J'appris alors que ces singulières frictions sont le seul remède efficace contre la grangrène.

Une fois entrés dans la ville, nous y trouvâmes un tel désordre que nous ne voulûmes pas nous y arrêter. Nous allâmes nous établir dans un faubourg près de la Wilia. Nous nous installâmes militairement chez un riche juif qui nous procura des vivres que nous payâmes chèrement. Heureusement nous étions relativement riches. Cette courte halte de deux jours fut très-utile à nous et à nos chevaux qui marchaient déferrés depuis la dissolution du régiment. Nous les fîmes ferrer à glace, précaution qui nous sauva tous.

Le 13 au matin, après avoir passablement garni nos besaces, nous nous remîmes en route pour Kowno. Nous n'avions pas encore atteint la montée de Ponari que le canon russe grondait déjà derrière nous. La route était encombrée d'une immense quantité de soldats de toutes armes et de toutes nations, de voitures, d'équipages et surtout d'artillerie et de traineaux. C'était une véritable débâcle. On ne pouvait se reconnaître, même entre camarades du même régiment, tant nous étions défigurés par nos grotesques accoutrements. La plus grande partie des soldats avaient jeté leurs armes qui leur gelaient les mains et y avaient substitué des bâtons!

À la montée de Ponari, nous trouvâmes une masse de fourgons et de voitures arrêtées par la difficulté de faire cette ascension sur la glace avec des chevaux déferrés et épuisés de fatigues. Nous vîmes défoncer plusieurs barils contenant des pièces de cinq francs que les soldats pillaient à qui mieux mieux. On se battait pour en prendre et ceux qui en avaient pris se voyaient dépouillés un peu plus loin s'ils n'étaient pas les plus forts. Grâce à la ferrure de nos chevaux, nous gravîmes la montée par le côté de la route.

Quelques heures après, je fus accosté par un de ces spectres ambulants à une halte où nous faisions manger un peu d'avoine à nos chevaux. Quant à nous, nous croquions en cachette ce que nous avions dans la crainte d'être attaqués par les affamés, comme déjà cela nous était arrivé. Cet homme ayant aperçu le numéro vingt-quatre sur le coin de mon porte-manteau, s'approhe de moi et me dit:

— Vous êtes du vingt-quatrième chasseurs, camarade?

— Oui, — répondis-je avec réserve.

— Donnez-moi, je vous prie, des nouvelles de M. Calosso, maréchal-des-logis chef de la compagnie d'élite, vit-il? où est-il?

— Oui, camarade, il vit, il est devant vous, c'est lui qui vous répond.

Cet infortuné était mon frère Probe, sergent au cent-onzième d'infanterie, que je n'avais pas revu depuis le passage du Niémen, le 23 juin, et que je ne reconnaissais pas, tant il était défiguré. Nous nous embrassâmes ; je le présentai à mes camarades ; nous lui donnâmes quelques biscuits et un peu d'eau-de-vie le plus mystérieusement possible. Puis après nous avoir dit adieu, il alla rejoindre ses camarades qui l'attendaient pour reprendre leur marche. Je remarquai avec un vif plaisir qu'il avait conservé son fusil et son sabre et je lui en fis mon compliment. Un autre membre de la famille, ma sœur Camille, mariée à M. Santa, officier des sapeurs du génie, ayant suivi son mari jusqu'à Moscou, en revint avec lui et supporta toutes les misères attachées à cette fatale retraite. Je n'eus pas occasion de la rencontrer en Russie, mais en 1814, nous nous revîmes tous en Piémont. J'étais le plus jeune des quatre et je suis le seul survivant aujourd'hui.

Après dix jours de marche, depuis Wilna, ayant rallié quelques chasseurs montés du régiment et formant un petit peloton de vingt chevaux, nous parvînmes à Kowno où nous reçûmes une distribution de biscuits, d'eau-de-vie et d'avoine, après quoi nous franchîmes le Niémen sur la glace.

Arrivés sur la rive Prussienne, nous jetâmes un regard douloureux en arrière sur cette terre ennemie, tombeau de tant de braves, terre que quelques mois auparavant nous avions vue tout émaillée de fleurs printannières et qui alors n'offrait plus à l'œil que son triste manteau de neige, recouvrant des villes incendiées, des campagnes désertes et les cadavres de deux-cent-mille français !

Et qui les avait moissonnés ces braves? hélas! c'était moins le canon russe que la faim, la misère et un froid de vingt-six degrés! Il ne m'appartient pas de porter un jugement sur la gigantesque entreprise de l'empereur. Ce que je puis attester, c'est que tout ce que la sagesse humaine peut suggérer, tout ce que la science militaire peut accomplir, Napoléon l'avait fait et combiné avec une prudence admirable. L'histoire ajoutera que l'armée se montra digne de son chef immortel. L'armée supporta le feu de l'ennemi, le froid, les privations les plus rigoureuses avec une constance héroïque, jusqu'au moment où la faim, les maladies et l'encombrement des routes jetèrent dans ses rangs une démoralisation momentanée.

CHAPITRE V.

Arrivés sur le sol Prussien, nous ralentîmes notre marche. L'intensité du froid s'était un peu radoucie, nous pouvions trouver des abris passables dans les gîtes où nous nous arrêtions la nuit. Donc, plus de bivouacs; les autorités locales nous accordaient quelques vivres et fourrages, dans les villes surtout. La Prusse, à la vérité, d'alliée était devenue hostile. Il fallait se conduire avec prudence et subir parfois d'amers sarcasmes. A leur tour, les Prussiens disaient : Malheur aux vaincus !

Dépassant Gumbinen, nous atteignîmes Köenisberg où nous trouvâmes M. de Monginot, chef d'escadron du régiment, qui était parvenu à y réunir une trentaine d'hommes montés. Nous y fîmes une petite halte pour nous rajuster autant que possible; nous jetâmes nos pelisses de paysans russes et reparûmes sous notre uniforme réparé tant bien que mal ou renouvelé. Nos chevaux profitèrent aussi de notre séjour à Köenisberg. Nous nous remîmes bientôt en route pour Marienwerder, au nombre de cinquante chevaux.

A Elbing, nous apprîmes que peu de temps après notre départ de Köenisberg, beaucoup de malheureux Français y avaient été massacrés par les habitants. A Marienwerder, nous ralliâmes un détachement de quarante chevaux du régiment venant de France et commandé par M. le lieutenant de Narbonne, fils du général de ce nom. Les hommes habillés et équipés à neuf et les chevaux frais et harnachés de même, contrastaient singulièrement avec nous autres pauvres revenants qui, hommes et chevaux, étions maigres, chétifs, déguenillés à faire pitié. Nous formâmes alors un petit escadron de quatre-vingt-dix chevaux et passâmes la Vistule pour nous diriger sur Berlin. Nous évitâmes cependant la capitale de la Prusse en logeant dans les environs, pour ne pas y donner le spectacle de notre misère. Puis,

nous marchâmes sur Wittemberg ; nous passâmes l'Elbe
à Dessau et arrivâmes enfin à Biterfeld en Saxe où nous
nous arrêtâmes pour prendre nos quartiers d'hiver
chez nos alliés. L'heure de la défection n'avait pas
encore sonné pour eux comme pour les Prussiens !

Ainsi ce ne fut qu'à la fin de janvier 1813, et après
quatre mois de marches, de combats et de misères, que
nous pûmes enfin nous reposer et soigner notre santé.
Une maladie cutanée qui n'épargnait presque personne
s'était déclarée chez moi pendant la campagne et me
dévorait. Je m'enfermai dans mon logement, me tenant
chaudement pendant tout le mois de février, et subis
un traitement en règle par la méthode Mettemberg,
avec force bains. En mars, je pus reprendre mon service,
aussi frais et dispos qu'en mars de l'année précédente.
La vigueur de mon tempérament me sauva pendant
que mon fourrier Baurain entré à l'hôpital de Wilna y
était mort atteint de la même maladie. Comme la majo-
rité de nos cavaliers était en traitement, nous avions
recours aux habitants pour soigner les chevaux qui,
comme nous, étaient dans un pitoyable état. Mon
hirondelle, à la grande surprise de tous, tint bon et fut
l'un des premiers remis.

Cependant l'Autriche avait rappelé son corps auxi-
liaire et la Prusse nous avait déclaré la guerre. Le
prince Eugène, vice-roi d'Italie, se maintint quelque
temps à Dresde où, avec de bonnes troupes, il défendait

le passage de l'Elbe contre les alliés. L'Empereur, pendant ce temps là, se créait une nouvelle armée et préparait en France les moyens de soutenir la lutte qui se préparait. Des détachements arrivés successivement de notre dépôt de Joigny et quelques hommes tant montés que démontés ayant rejoint à Bitterfeld, le régiment présentait de nouveau un effectif de cinq cents chevaux. Le colonel Ameil, promu général de brigade après le passage de la Bérézina, eut pour successeur M. le baron Schneit sortant des chasseurs à cheval de la garde. Quelques sous-lieutenants de l'école de Saint-Germain nous arrivèrent aussi.

Nous fûmes dabord destinés à observer la rive gauche de l'Elbe. Vers la fin d'avril, le vice-roi dut abandonner Dresde et Leipsig aux alliés. Ses troupes se réunirent à la nouvelle armée arrivée de France et d'Italie. Ce furent ces troupes ainsi réunies qui livrèrent la bataille de Lutzen laquelle nous rouvrit les portes de Leipsig. Le régiment qui était encore sur l'Elbe n'assista pas à la bataille. Les alliés, après leur défaite du 2 mai, se retirèrent derrière leurs retranchements de Bautzen par Dresde. Nous remontâmes le fleuve jusqu'à la capitale de la Saxe où nous ralliâmes un nouveau détachement de deux cents chevaux qui avait déjà combattu à Lutzen.

A Dresde, les brigades se réunirent en divisions et celles-ci en corps de cavalerie de réserve de la force de douze mille chevaux environ, sous les ordres de M. le général Horace Sébastiani. Notre division était commandée par le brave général Exelmans. Tout ce corps arriva en masse devant Bautzen le 14 mai, jour de la bataille de ce nom. Toute la journée nous restâmes spectateurs de la lutte, ne pouvant agir contre des redoutes. Vers le soir, tous les ouvrages étant enlevés et l'ennemi se retirant sur Göerlitz, nous nous ébranlâmes pour nous mettre à sa poursuite. Mais nous n'avions plus nos vieux cavaliers de 1812. Nos jeunes soldats étaient pleins sans doute de bonne volonté, mais ils n'étaient rompus ni aux périls, ni aux fatigues de la guerre; hommes et chevaux faisaient leur apprentissage, et ce n'était pas avec de pareils éléments que l'on pouvait obtenir les succès des campagnes précédentes. Toutefois, les alliés ne s'arrêtèrent que derrière l'Oder. A ce moment, un armistice ayant été convenu entre les parties belligérantes, nous prîmes nos cantonnements en Silésie.

Pendant ces jours de repos, je fus nommé sous-lieutenant. Mon brevet porte la date du 13 juillet 1813. A la même époque, le régiment reçut deux jeunes officiers provenant des gardes d'honneur du prince Borghèse, gouverneur du Piémont. Depuis sept ans, j'étais le seul piémontais qui servît aux escadrons de guerre. L'arrivée de deux compatriotes, MM. Stallani et Razzetti, bons garçons et excellents soldats, me causa un vif plaisir.

La reprise des hostilités ayant été dénoncée pour le 15 août, nous célébrâmes la Saint-Napoléon le 10 dans nos cantonnements de Newstadt. L'Autriche par sa déclaration de guerre à la France, mettant deux cent mille hommes dans les rangs de la coalition fit pencher la balance en faveur de nos ennemis. Le roi de Saxe, personnellement fidèle à son alliance avec Napoléon, ne pouvait trop compter sur la fidélité de ses troupes déjà travaillées par les sociétés secrètes de l'Allemagne. La Bavière était déjà une amie douteuse et les autres troupes de la Confédération du Rhin n'attendaient qu'une occasion favorable pour tourner leurs armes contre nous.

Le corps d'armée du Bober auquel mon régiment appartenait manœuvra d'abord aux environs de Liegnitz. Le 26 août, tandis que l'Empereur triomphait à Dresde, nous étions battus à Jauwer par l'armée de Silésie commandée par Blücher. Le lendemain, 27, je fus envoyé auprès du général Sébastiani en qualité d'officier d'ordonnance.

Nous dûmes nous retirer sur Buntzlau et y passer le Bober. L'Empereur étant venu à notre secours avec une partie de sa garde, nous reprîmes l'offensive, repassâmes le Bober et repoussâmes l'ennemi qui se retira à Liegnitz. Quelques jours après, nous fûmes rappelés en Saxe, mollement suivis par la cavalerie légère ennemie. Le service que je faisais au quartier

général était rude et périlleux. Devant être fréquemment
en course, j'avais deux bons chevaux que, l'eussé-je
voulu, je ne pouvais guère ménager. Du reste notre
corps d'armée n'eut plus d'affaires importantes pendant
les mois de septembre et commencement d'octobre.

Par suite des combinaisons stratégiques de l'Empereur, nous avions, comme je l'ai dit plus haut, regagné
la Saxe, et le 12 octobre, nous campions sous la forteresse de Torgau. Dans l'après-midi, le général Sébastiani
me remit une dépêche pressée pour l'empereur qui
avait son quartier général à Düben petite ville située
sur la route de Torgau à Leipsig. Pour y arriver, il
fallait traverser une forêt infestée par les cosaques du
partisan Czernitcheff. Le général ne me dissimula pas
l'importance et les périls de ma mission et m'engagea à
prendre mes précautions pour n'être pas enlevé par
l'ennemi. Pour me seconder, il m'adjoignit un homme de
confiance, un lancier polonais d'une rare intelligence
et d'une bravoure éprouvée.

En nous mettant en route avant la nuit, et avant de
nous engager dans la forêt, nous fîmes nos dispositions
de la manière suivante: d'abord nous inspectâmes nos
armes et changeâmes les amorces de nos pistolets. Puis
je mis mon colback qui eût pu me faire reconnaître,
dans un mouchoir solidement attaché à l'arçon de derrière. Le lancier en fit autant de son schapka. Alors
coiffés de nos bonnets de bivouac dont la forme différait

peu de celle des bonnets russes, enveloppés dans nos
capotes, nous allâmes résolument en avant. Vers les
deux heures de nuit nous tombâmes dans un petit poste
ennemi. La vedette cria *qui vive!* à quoi, selon nos
conventions, mon camarade répondit en langue russe :
Officier de hulans du général . . . . . . *porteur d'une
dépêche.* — *Passez*, répondit la vedette en nous souhai-
tant la bonne nuit. A droite de la route, près d'un
hameau, nous aperçûmes des feux. Je pensai que ce
pouvait être un bivouac de cosaques. Comme je connaissais les lieux que j'avais déjà deux fois traversés
durant cette campagne, nous cheminions sans tâton-
nements, malgré l'obscurité. Arrivés près d'un bourg
à la sortie duquel quatre mois auparavant nous avions
enlevé aux Russes un parc d'artillerie, je crus prudent
de l'éviter, le supposant occupé par les cosaques; et à
travers champs, nous regagnâmes la route en suivant
un excellent petit chemin par lequel nous étions tombés
sur ce même parc.

Une fois sur la grande route, nous marchâmes de
nouveau avec précaution. Nos chevaux commençaient
à être fatigués. Cependant comme d'après mon calcul ,
nous ne pouvions pas déboucher dans la plaine de
Düben avant le jour si nous ménagions nos montures,
ce qui nous exposait à être reconnus par le dernier
poste que je devais supposer établi à l'issue de la forêt,
je décidai d'augmenter notre allure, pour échapper à

l'aide des ténèbres à l'ennemi. Enfin nous arrivons au dernier corps de garde. Point de *qui vive?* le feu s'éteignait et tout le poste était endormi à vingt pas de nous et à gauche de la route. Alors nous partons au galop, et dépassant rapidement les dormeurs, nous sabrons en passant la vedette qui faisait face à la plaine et que nous surprîmes. C'était une imprudence, car aux cris du cosaque, ou peut être aussi éveillé par le galop de nos chevaux, le poste monte à cheval et se met à notre poursuite. Heureusement nous avions gagné du terrein. Cependant comme leurs montures étaient fraîches et les nôtres fatiguées, ils auraient pu nous atteindre, si les avant-postes français, dans la direction desquels nous galoppions, n'eussent pas fait cesser la poursuite.

Le jour commençant à paraître, notre déguisement devenait inutile. Nous prîmes le pas, nous nous coiffâmes de nos colback et schapka et continuâmes notre marche sur les vedettes françaises. Quelques cavaliers du grand poste vinrent nous reconnaître et nous conduisirent auprès de l'officier qui était un lieutenant des lanciers Hollandais de la garde impériale. Bien accueillis par ces frères d'armes, nous fîmes une petite halte afin de faire . souffler nos chevaux; puis après avoir accepté quelques légers rafraîchissements, nous continuâmes notre route vers Düben que nous voyions devant nous. Le lecteur sera peut-être surpris de ce

qu'un parti ennemi ait osé approcher, même à la faveur
d'une forêt, du quartier impérial, et intercepter les communications des corps d'armée. De la part des cosaques
ce fait se produisait souvent; on les considérait comme
peu dangereux, et nos généraux ménageaient pour les
grandes affaires notre jeune cavalerie.

En entrant dans la ville encombrée de troupes de
la garde, je me fis indiquer le quartier impérial. J'y
arrive, mets pied à terre, et, après avoir confié mon
cheval au polonais, je m'annonce à un officier supérieur
que je rencontre dans la cour comme porteur d'une
dépêche pour S. M. Cet officier m'invite à le suivre, et
nous montons au premier étage. Mon guide frappe à la
porte de l'appartement occupé par le maréchal Berthier,
major général de l'armée. — Entrez, — dit une voix.
L'officier entre et je reste derrière la porte entr'ouverte.
Mon guide explique ma mission, et une voix qui fait
vivement battre mon cœur dit : — « Faites entrer. » —
Cette voix était celle de l'Empereur. — Entrez, monsieur,
me dit alors l'officier. Comme j'étais couvert de boue,
j'hésitais. — Entrez, entrez, continua-t-il. Je laisse
tomber mon manteau sur une chaise de l'antichambre
et j'avance respectueusement, la dépêche dans ma main
gauche pendante le long de mon sabre et la droite à
hauteur du front. Une grande carte était déployée sur
le parquet d'un salon modestement meublé. A genoux
sur cette carte, Napoléon plantait des épingles à tête de

cire d'Espagne de deux différentes couleurs.— Berthier,
dit l'Empereur en levant la tête, prenez cette dépêche.
— Le maréchal la prend, en rompt le cachet et la lit.
Alors l'Empereur, après avoir jeté un rapide coup-d'œil
sur son échiquier, se lève et s'approche de moi.

— D'où venez-vous?

— Du quartier général du général Sébastiani, Sire.

— Où l'avez-vous quitté?

— Près de Torgau, Sire.

— Venu par quelle route?

— Par celle de la forêt, Sire.

— Et les cosaques, monsieur?

— Sire, je suis parvenu à tromper leur vigilance.

Et très succinctement, j'expliquai comment.

— C'est bien. C'est heureux, monsieur.

Durant cet interrogatoire, Napoléon m'enveloppait
de son regard, mais sans m'intimider. Le maréchal qui se trouvait à ma droite près d'une fenêtre,
après avoir lu la dépêche, me demanda à quelle heure
j'étais parti de Torgau, et si la division Souham y était
arrivée. Pour répondre à cette question, je dus faire un
quart de conversion à droite et présenter le flanc
gauche à l'Empereur qui ayant vraisemblablement vu
le numéro de mon régiment sur le cor de chasse de ma
giberne, reprit aussitôt:

— Du vingt-quatrième chasseurs?

— Oui, Sire.

— C'est cela, je vous ai déjà vu. Vous étiez maréchal-de-logis-chef de la compagnie d'élite à la revue de Gorkum.

— Oui, Sire.

— Fait la campagne de Russie?

— Oui, Sire, avec le deuxième corps.

— Bien.

Puis s'adressant au maréchal :

— Berthier, cet officier doit être fatigué ; il se reposera ici deux jours ; il ira ensuite rejoindre Sébastiani qui sera alors sous Leipsig.

Le maréchal sonna et un aide de camp qui se trouvait dans l'antichambre reçut l'ordre de me loger dans la maison. Je sortis avec lui, frappé d'admiration pour cette mémoire prodigieuse qui permettait à Napoléon de reconnaître après tant d'événements et au milieu de ses préoccupations actuelles, un individu aussi insignifiant que moi.

Je me reposai deux jours au quartier impérial, prenant mes repas à la table d'état-major où ma modeste épaulette de sous-lieutenant se trouvait rapprochée des épaulettes à graines d'épinards et même des épaulettes étoilées. Le troisième jour, de bon matin, le maréchal me fit remettre une dépêche pour mon général qui devait être à Leipsig. A mon départ, toutes les troupes de la garde se préparaient à marcher sur cette ville où les destinées de l'Allemagne allaient se décider.

Arrivé devant Leipsig, j'appris que le corps du général Sébastiani était campé près du village de Wachau.
Il était environ huit heures du matin, je m'y rendis
aussitôt. Le général ainsi que le chef d'état-major
étaient en ce moment aux avant-postes. Je remis ma
dépêche à M. de Lascours qui fut assez bon pour me
complimenter sur le succès de ma mission. Je le remerciai et lui dis : — « Mon colonel, Je vous demande la
permission de rentrer à mon régiment et vous prie de
me faire remplacer comme officier d'ordonnance. » —
Comment ! Comment ! M. Calosso, vous voulez nous
quitter, et pourquoi ? le général est très-content de
vous et nous aussi. — Ce que vous me faites l'honneur
de me dire, mon colonel, me flatte infiniment, mais
mes chevaux sont éreintés et..... — Bah ! Bah ! savez-
vous que vous perdrez beaucoup en quittant ainsi le
général. — J'insistai et le priai de lui faire connaître
ma demande. Au régiment nous faisions un service infiniment plus dur, toujours au bivouac, mais nous étions
en famille. Aux quartiers généraux nous étions sûrs
d'être constamment logés à l'abri, d'avoir bonne table
et bien d'autres petites douceurs. Mais par compensa-
tion il nous fallait faire de rudes corvées qui souvent
répétées étaient fatales à nos chevaux. En tous cas,
la vie des états-majors, malgré l'avantage que j'y trouvais personnellement d'y voir un compatriote, M. Méséna,
sous-lieutenant au quatrième lanciers, qui commandait

un peloton de ce régiment en service permanent auprès du général, cette vie ne remplaçait pas pour moi le régiment.

A la rentrée du général, je me présentai devant lui pour lui soumettre ma détermination dont le colonel Lascours l'avait déjà informé. Il me blama avec bonté, mais comme je persistais, il me permit de partir. Je trouvai le vingt-quatrième campé en avant du village de Wachau lequel donna son nom à la bataille qui s'y livra le même jour 16 octobre.

Le roi de Naples ayant sous la main quelques divisions d'infanterie et le corps de cavalerie de réserve du général Sébastiani, attaqua dans l'après-midi l'ennemi qui manœuvrait dans la plaine. On se canonna d'abord quelque temps. Puis le moment favorable arrivé, Murat lança nos deux divisions de cavalerie légère et la division de cuirassiers contre l'ennemi. Nous culbutâmes la cavalerie, et arrivâmes sur les carrés d'infanterie que nous rompîmes et sabrâmes. Puis, ayant le roi à notre tête, aux premiers rangs, nous poussâmes notre charge si imprudemment loin que nous donnâmes aux carrés ennemis le temps de se reconnaître et de se réformer pour nous cribler au retour, ce qui nous valut des pertes considérables. La cavalerie ennemie se réforma aussi, et nous attaqua dans notre mouvement de retraite ; ce fut alors qu'entouré d'ennemis, je fus atteint d'un coup de pistolet par un hussard hongrois et de deux coups de lance par les hulans. Malgré cela je parvins, grâce à la vigueur de mon cheval, à leur échapper. La balle avait traversé l'épaule gauche au dessus de la clavicule. Un coup de lance m'atteignit légèrement dans le côté droit et le second au medium de la main gauche. Le lieutenant Ferrary fut tué.

Plusieurs de nos officiers furent aussi blessés, notamment M. Duc, chef d'escadron, arrivé depuis peu de jours au régiment avec un détachement de deux cents chevaux. Le colonel Schneit eut un pied déchiré par un éclat d'obus.

Je me retirai au village où je fus pansé. Mais soit négligence, soit plutôt défaut de temps, à raison du grand nombre de blessés qui réclamaient ses soins, le chirurgien ne sonda pas suffisamment ma plaie de l'épaule, et il en résulta que ma blessure prit en quelques jours un caractère assez grave.

Cependant l'Empereur étant arrivé sur le champ de bataille avec des troupes fraîches, l'armée reprit aussitôt l'offensive, et l'ennemi décidément battu se replia en nous cédant le terrein chèrement conquis où nos troupes campèrent. La journée du 17 se passa de part et d'autre en préparatifs. Ce ne fut que le lendemain 18 qu'eut lieu la grande bataille qui devait avoir sur le sort de l'Allemagne et sur le nôtre une si grande influence.

Après mon pansement, je me fis remettre à cheval,

et suivi de mon chasseur et de mon second cheval, je me retirai dans une des maisons du faubourg de Leipsig. J'y passai la nuit et toute la journée du 17. Dans la matinée du 18, une forte canonnade se faisant entendre, j'envoyai mon ordonnance en quête de nouvelles. A son retour, il était accompagné d'un officier du vingt-troisième blessé d'un coup de sabre à la tête. Cet officier m'apprit la facheuse position de l'armée. Le bruit courait qu'un corps autrichien s'était glissé sur nos derrières, occupait la ville et le pont de Wissenfeld et coupait par conséquent nos communications avec la France. Il fut d'avis, afin d'être prêts à tout événement, que nous devions quitter le faubourg, monter à cheval, et nous rendre aux chevaux de main de la brigade en compagnie d'autres camarades blessés comme nous. Je me rangeai à son sentiment. Plus tard, nous apprimes que l'Empereur avait détaché le corps commandé par le général Bertrand avec ordre de reprendre Weissenfeld, de s'y établir, et que ce général avait réussi dans sa mission. D'où il résultait que nos communications étaient redevenues libres.

Dans cet état de choses, je proposai aux autres officiers blessés de nous retirer à Leipsig et d'y attendre l'issue de la bataille. Ils furent d'avis, au contraire, que pour le moment il ne fallait pas nous éloigner de nos chevaux de main où nous étions hors de danger. Je cédai et nous nous trouvâmes ainsi spectacteurs de la lutte. Tout-à-coup, l'un des camarades me dit : Voilà sur notre droite la cavalerie alliée qui s'ébranle ; elle va fournir sans doute une charge contre la cavalerie autrichienne placée en face d'elle. Voyez, voyez ces braves alliés ; ils partent au trot avec leurs batteries ! . . . . Horreur ! ces braves alliés (les Saxons) nous abandonnaient sur le champ de bataille même pour passer à l'ennemi ! une fois leur mouvement accompli, ils se retournent et nous envoient le feu de leurs batteries ! ! ! Jamais rien de pareil ne s'était vu.

Notre division prise en écharpe par le feu des traîtres est obligée de faire un changement de front à droite, ce qui la rapprocha de la position que nous occupions nous autres blessés non combattants. Alors un boulet arrive, un boulet ami il y avait quelques minutes ; il frappe mon cheval à la tête. Le pauvre animal fait demi-tour, chancelle et tombe sous moi. Mon chasseur m'amène mon second cheval ; on me remet en selle et nous sommes forcés de nous éloigner, en abandonnant sur place l'infortunée Hirondelle qui m'avait si bien servi pendant toute la campagne de Russie, qui en avait partagé avec moi les dangers et les fatigues : qui dans cette campagne même de 1813, avait été associée à ma fortune et à mes périls. Les cavaliers qui ont fait la guerre savent si l'on s'attache fortement à ces compagnons de bataille ; ils comprendront les larmes que je versai sur la perte du pauvre animal avec lequel j'avais bravé pendant plus de dix-huit mois le froid, la faim, la fatigue et le feu de l'ennemi.

Nous nous rapprochâmes de la ville et passâmes le reste de cette fatale journée et la nuit qui la suivit dans un jardin près de la route de Lindenau. Notre jeune armée enveloppée dans un cercle de feu avait fait des efforts héroïques et malheureusement inutiles. La trahison grossissait chaque jour les rangs de nos ennemis.

Déjà le canon grondait derrière nous. Nous nous décidons au départ et franchissons sur l'Elster le pont qui allait bientôt devenir si fatal à notre arrière-garde. Nous nous dirigeons sur Weissenfeld. Près de Lutzen, nous rencontrons la brigade de cavalerie légère du général Ameil, notre ancien colonel qui a pour aide de camp un lieutenant du régiment M. Lhermitte. Ce bon et cher camarade, breton d'origine, en me reconnaissant parmi les blessés vient à moi, m'offre ses services et s'informe de ce qui concerne le régiment. Hélas! je ne pus lui en donner que de bien tristes nouvelles !

Les jours suivants, sous une pluie battante, et souffrant beaucoup de ma blessure à l'épaule, je marchais avec mes camarades vers la France, et de gite en gite nous atteignîmes Erfurt où je rencontrai notre colonel, le baron Schneit. Blessé, comme je l'ai dit plus haut, le colonel voyageait dans sa calèche où il eut la bonté de m'offrir une place. Je n'acceptai pas, dans la crainte de le déranger et aussi dans la pensée que le mouvement du véhicule pourrait ajouter à mes souffrances. Nous n'en voyageâmes pas moins ensemble. M. de Coulanges, chef d'escadron du régiment, blessé aussi le 18, se joignit à nous. Près de la ville de Hanau, nous fûmes arrêtés par le corps Bavarois du général de Wrède qui, ayant accédé à la coalition, vint nous intercepter le passage. Nous dûmes rebrousser chemin et attendre que l'armée qui nous suivait arrivât. Bientôt une satisfaction éclatante fut prise de l'insulte qui nous avait été faite; les Bavarois furent chassés de la ville et le passage nous fut ouvert sur Francfort et Mayence.

MM. Schneit et de Coulanges s'arrêtèrent dans cette dernière place, et moi, après deux jours de repos, je me remis en route pour Strasbourg, Nancy, Troyes et Joigny où j'arrivai le 21 novembre, après une marche de trente-cinq jours à cheval et avec une inflammation qui ne me permettait pas de supporter la voiture.

CHAPITRE VI.

De Nancy j'avais eu la précaution d'écrire à mon ami et collègue Lechauve qui se trouvait alors à notre dépôt à Joigny, pour le prier de me faire préparer un logement. Ce cher camarade, en compagnie d'autres jeunes officiers, nouvellement sortis de l'école de Saint-Germain, vint à ma rencontre et tous me firent l'accueil le plus cordial. C'est à Joigny que je trouvai enfin le repos qui m'était si nécessaire et les soins que réclamait ma blessure.

La reconnaissance me fait un devoir de déclarer ici
que les bons habitants des provinces que nous eûmes
à traverser avant d'arriver au dépôt, les Alsaciens, les
Lorrains, les Champenois exerçaient envers les malheureux blessés l'hospitalité la plus touchante et la plus
généreuse. Dans les villes, à Nancy particulièrement, il
y avait, à l'hôtel de ville, une table permanente à
laquelle les militaires de tout grade pouvaient s'asseoir
gratis. Quand j'y arrivai, la pluie avait rendu le pavé
glissant et mon cheval, en tombant, m'entraîna dans sa
chûte. De la maison devant laquelle cet accident avait
lieu, je vois sortir un monsieur et sa femme qui s'em-
pressent d'aider mon chasseur à me relever. Voyant
que je souffrais de ma blessure, ils ne veulent pas me
permettre de monter à cheval pour me rendre à la
mairie et m'offrent l'hospitalité chez eux avec tant
d'insistance et de bonté que je ne pus résister à leurs
prières.

Dès que je fus installé, mon hôte sort à la recherche
d'un chirurgien, et sa femme m'offre, en attendant,
quelques rafraîchissements. — Mon Dieu, madame, lui
dis-je, comment vous remercier de vos bontés? — monsieur l'officier, me répond-elle, vous ne me devez aucun
remercîment; j'ai à l'armée deux fils. Qui sait si comme
vous ils n'ont pas besoin de soins? Nous faisons pour
vous ce que nous voudrions que l'on fit pour eux. —
Dans quel régiment servent-ils, madame? — Dans le

neuvième hussards, monsieur. — Leurs noms, s'il-vous-
plait? — Les frères Hanaud. — Je les connais, madame,
ils appartiennent à la même division que moi. L'un est
sous-lieutenant et le cadet est maréchal-des-logis. —
Où les avez-vous vus, pour la dernière fois? — Le 16
octobre, madame, près de Leipsig, où je fus blessé! —
En ce cas, reprit-elle, nous avons de leurs nouvelles
plus récentes. L'aîné m'a écrit sous la date du 30 octobre. Tous les deux se portaient bien.

Quand le mari rentra accompagné d'un chirurgien, la
femme s'empressa de l'informer de ma liaison avec leurs
fils. Ce fut alors, dans la maison, une véritable fête
pendant les deux jours que j'y restai. Jamais je n'oublierai la ville de Nancy et l'hospitalité que j'y ai reçue.

Arrivé à Joigny et installé dans mon logement, je fis
prier le chirurgien du dépôt de venir me voir. Presque
cicatrisée pendant le voyage, ma blessure à l'épaule me
causait cependant de vives douleurs, et ces souffrances
me faisaient soupçonner la présence d'un corps étranger
dans la plaie. Le chirurgien, en l'examinant, me confirma
dans mes soupçons et il jugea à propos de l'ouvrir et de
la sonder. Je me soumis à cette douloureuse opération.
La sonde amena d'abord une parcelle de flanelle et de
toile, puis un petit morceau de drap, puis enfin un
fragment du galon de l'épaulette que je portais pendante à son bouton, le jour du combat, sous ma
capotte-manteau, car il pleuvait. La balle avait introduit

ces divers objets dans la plaie et ils y avaient séjourné depuis le 16 octobre jusqu'au 22 novembre. — L'appareil fut remis et je me sentis soulagé. Les deux coups de lance étaient cicatrisés et au bout de quinze jours d'un pansement régulier, je fus en état de reprendre mon service actif sans aucun inconvénient. Je m'occupai alors de renouveler ma garde-robe qui était terriblement maltraitée. Du reste, j'étais relativement riche : quatre cents francs de première mise de sous-lieutenant ; quatre cents francs de gratification d'entrée en campagne ; trois cent-soixante francs d'indemnité pour le cheval tué à Leipsig ; quelques mois d'appointements arriérés et mes petites épargnes me formaient un capital, au moyen duquel je m'habillai et m'équipai à neuf, et renouvelai le harnachement du cheval qui me restait et qui, bien remis de ses fatigues, pouvait me suffire pour le moment.

Les alliés ayant franchi nos frontières et envahi la France, le commandant de notre dépôt reçut, vers la mi-janvier, l'ordre d'évacuer Joigny et de se rendre à Rambouillet. Au fur et à mesure que nous avions des hommes et des chevaux disponibles, ils partaient sous la conduite d'un officier pour les escadrons de guerre. Mon tour de rejoindre étant arrivé dans le courant de février, je partis pour Versailles avec quarante chevaux ; et de là après avoir subi l'inspection du général commandant les dépôts, je me remis en route pour rallier le régiment en Champagne.

Avant de poursuivre mon récit, je dois faire mention d'une connaissance que le hasard m'avait procurée dans un café de Rambouillet pendant que j'y tenais garnison. Je veux parler de M. le chevalier Incisa della Rocchetta, simple garde d'honneur au deuxième régiment, si ma mémoire est fidèle, et dont le dépôt occupait la même résidence. Ce jeune garde, assis près du poële dans la salle où je me trouvais avec quelques officiers, m'intéressa par ses manières distinguées et sa physionomie délicate. Je l'abordai et lui demandai avec intérêt s'il était souffrant. Et comme je savais que son régiment se composait en grande partie de Piémontais, je lui demandai s'il appartenait à cette nation. Sur sa réponse affirmative, je liai conversation avec lui, nous parlâmes du pays avec l'épanchement de compatriotes qui se retrouvent loin du sol natal. Chaque fois que j'allais à la ville, je le revoyais avec un véritable plaisir. On verra plus tard dans quelle situation nous nous retrouvâmes lui et moi, dix mois après, au service du roi de Sardaigne dans le même régiment de chevaux-légers.

Je rejoignis en Champagne le vingt-quatrième, au mois de février. La division, toujours commandée par le général Exelmans, avait eu différentes affaires en Hollande, en Belgique depuis le passage du Rhin et s'était ensuite distinguée au combat qui eut lieu sous les murs de Rheims. Malgré nos revers, je trouvai les troupes animées d'un esprit excellent, et elles le firent bien voir dans cette admirable campagne de France qui suffirait à elle seule pour immortaliser l'Empereur et son armée. Réduite à soixante mille hommes au plus, cette héroïque armée, grâce aux savantes manœuvres de Napoléon, grâce à ses marches et à ses contremarches, trouva le moyen, durant deux mois, de diviser les forces de l'ennemi quatre fois plus nombreuses, et de les battre en détail. La seule affaire un peu sérieuse à laquelle je pris part depuis ma rentrée au régiment fut celle de Montereau où les Hessois, Badois et Wurtembergeois perdirent tant de monde.

L'armée, dont le chiffre se réduisait chaque jour et à chaque combat, avait à lutter contre des forces considérables lesquelles remplissaient facilement les vides que nous faisions dans leurs rangs. A la fin le nombre l'emporta. Deux marches que l'ennemi parvint à dérober à la vigilance de l'Empereur le rapprochèrent de la capitale, tandis que nous contenions le corps autrichien dans les environs de Troyes. La trahison de quelques grands dignitaires de l'Empire, la lassitude de plusieurs autres rendirent inutiles les efforts de l'armée.

Arrivés à Fontainebleau par une de ces marches classiques auxquelles nous étions rompus, nous y apprimes la triste nouvelle de l'entrée des alliés dans Paris. Nous étions encore, la garde comprise, vingt-huit mille hommes bien dévoués et brûlant du désir de délivrer la capitale. Sans la défection du duc de

Raguse, nous eussions pu former un effectif de quarante mille hommes qui eut suffi pour rétablir les affaires, tout au moins pour conserver le trône au roi de Rome. Mais le fâcheux événement d'Essonne et les intrigues des ennemis de l'Empereur auprès des souverains alliés paralysèrent le généreux dévoûment de l'armée et l'Empereur abdiqua !

J'assistai à cette dernière et douloureuse période de l'Empire. Pour la dernière fois je vis Napoléon au moment où les rois, qui lui avaient donné le titre de frère, allaient l'exiler à l'île d'Elbe, en attendant qu'ils le déportassent sur un autre rocher bien autrement meurtrier. ...

A la dissolution du camp de Fontainebleau succéda la réduction des régiments de toutes armes décrétée par le nouveau gouvernement. Le vingt-quatrième de chasseurs fut du nombre des supprimés. Une partie fut versée dans le neuvième et l'autre dans le douzième de la même arme. Je fus incorporé dans le neuvième que je ralliai en Normandie. Jusqu'au mois d'août 1814 j'ai servi Louis XVIII. A cette date, le désir de revoir mon pays et ma famille et de servir mon souverain naturel nouvellement rappelé au trône de ses pères, me déterminèrent à offrir ma démission qui fut acceptée par le général Briche, inspecteur de cavalerie. Le hasard a voulu qu'enrôlé volontaire le 20 août 1806, je quittasse le service de la France le 20 août 1814, huit ans, jour pour jour, après y être entré. J'avais fait cinq campagnes et quelles campagnes! et je rentrais dans ma patrie pour y subir, de la part du nouveau gouvernement, la plus révoltante humiliation.

CHAPITRE VII.

Après avoir pris congé de mes camarades, je quittai Caen pour me rendre à Paris où je m'arrêtai une quinzaine de jours. De là je me mis en route pour le Piémont, et j'arrivai vers la mi-septembre à Turin. J'eus le bonheur, après une longue absence, de retrouver ma bonne mère et ma famille encore intacte. Je sollicitai du service, ne doutant pas que je serais admis avec mon grade dans la cavalerie que l'on formait. Quel fut mon désappointement en apprenant au ministère qu'on n'admettait parmi les officiers que des nobles! On me souffla bien bas à l'oreille qu'avec quelques sacrifices pécuniaires il serait possible de me placer avec mon grade dans l'infanterie. Jetons un voile sur les turpitudes du ministère de cette triste époque.

A vingt-cinq ans, sans autre fortune que mon sabre, qu'allais-je devenir? Je compris trop tard l'énorme sottise que j'avais faite en quittant l'armée française, et pour n'être à charge à personne, je consentis à la perte de mes épaulettes pour reprendre les galons de sous-officier. M. le chevalier della Chiesa, colonel des chevaux-légers du Roi, auquel on avait parlé en ma faveur, désira m'avoir dans son régiment et il eut la bonté de me faire offrir le grade de fourrier (maréchal-des-logis chef) avec promesse du grade de cornette (porte étendard) à la première vacance. J'acceptai, je m'enrôlai en novembre et partis pour rejoindre mon régiment qui tenait garnison à Saluces. Je me présentai à la caserne avec ma redingote et mon bonnet de police d'officier de chasseurs français. Quelques officiers du corps qui s'y trouvaient me firent un accueil peu encourageant. Un seul vint à moi, avec la généreuse intention de rendre la réception moins poignante, et il me dit avec bonté: « Monsieur, j'aurais désiré vous revoir ici » parmi nous, avec le grade que vous aviez lorsque » j'eus le plaisir de faire votre connaissance à Ram- » bouillet. Que voulez-vous? les restaurations favorisent

» les uns et nuisent aux autres. Prenez patience, vous
» ne resterez pas long-temps dans votre position actu-
» elle. Le sacrifice que vous avez fait vous sera compté,
» je suis fondé à vous en donner l'espérance. » — Ce
jeune officier était M. le chevalier Incisa della Rocchetta,
le même que j'avais trouvé simple garde d'honneur à
Rambouillet.

Je fus sensible, comme on peut bien le croire, aux
procédés nobles et délicats de cet excellent jeune
homme. Pendant tout le temps qu'en ma qualité de
fourrier et ensuite de fourrier-major j'eus des rapports
avec lui, il se fit un scrupule religieux de ne pas me
faire sentir d'une manière humiliante la supériorité de
son grade. Jamais il ne m'adressa la parole qu'à la
troisième personne, ce qui dans le dialecte piémontais
signifie beaucoup. Lorsque je pris l'épaulette de cornette en mars 1815, il fut le premier à m'en féliciter.
Il m'exprima la même satisfaction lorsqu'en 1819 je le
remplaçai dans son grade d'adjudant-major en second.
M. Incisa della Rocchetta est mort long-temps après,
colonel et commandant de la place d'Alexandrie.
Jusqu'au dernier jour, j'ai conservé avec lui les rapports les plus affectueux.

Après avoir passé successivement par les grades de
fourrier-major (1er janvier 1815), de cornette en mars
de la même année, je fus en 1819, grâce à la bienveillance de M. le chevalier Bernezzo, colonel du régiment.

promu adjudant-major en second. — J'en eus la plus vive reconnaissance à mon colonel.

En mars 1820, j'eus le malheur de perdre mon excellente mère. En 1821, j'épousai mademoiselle Secondine Tarini-Impérial. Les événements politiques du mois de mars de la même année entraînèrent le régiment. J'embrassai la cause constitutionnelle de bonne foi et avec une véritable conviction (1). La catastrophe du 8 avril, me contraignit à quitter le Piémont et à abandonner ma femme enceinte !

J'émigrai d'abord en France, puis en Suisse, puis enfin en Espagne où j'arrivai à la fin de juin. A mon arrivée à Barcelonne, je fus admis, comme tous mes camarades, à la jouissance de la demi-solde de mon grade constitutionnel que les cortès avaient décrétée en faveur des réfugiés politiques. Comme il nous fut permis de choisir une résidence, je m'unis à quelques amis qui avaient choisi la ville de Girone et nous nous y rendîmes vers la mi-septembre, époque à laquelle la fièvre jaune qui avait fait tant de ravages à Barcelonne commençait à perdre de son intensité. Dans notre nouvelle résidence, nous menions une vie paisible, loin des intrigues et des menées coupables des exaltés. Grâce à notre modération, nous conquîmes la sympathie des habitants des deux partis.

(1) Les institutions libérales qui régissent aujourd'hui le Piémont démontrent que la tentative de 1821 n'eut qu'un tort, celui de venir trop tôt.

Dans la nuit du 24 décembre, la ville fut surprise et occupée pendant quelques heures par la faction royaliste. Réfugiés politiques, nous eussions infailliblement été égorgés sans la courageuse résistance du détachement des chasseurs de Barbastro qui réunit ses efforts à ceux de quelques miliciens et parvint à chasser les royalistes de la ville. Nous étions huit émigrés, logés à l'auberge de la Fontaine d'Or. Un groupe de fanatiques vint nous y menacer avec des hurlements de fureur. Heureusement pour nous la porte se trouva solidement barricadée.

Après cette alerte, nous demandâmes et obtînmes des armes des autorités locales, tant pour notre défense personnelle que pour celle du gouvernement établi. Dès lors, nous fîmes le service concurremment avec la garnison, soit dans la place, soit dans les fréquentes sorties qui eurent lieu contre les insurgés.

La demi-solde dont j'ai fait mention fut d'abord régulièrement payée. Plus tard, elle souffrit des réductions et des retards, et enfin elle fut supprimée à raison des embarras financiers du gouvernement. Le chef politique de la province, M. le brigadier Zarco del Valle qui s'intéressait à nous, alloua sur les fonds provinciaux cinq réaux par jour (1 f. 30 c.) à chaque réfugié sans distinction. Cette subvention nous fut exactement payée.

Dans le courant de l'année 1822, le nombre des réfugiés italiens s'étant élevé jusqu'à cent environ,

M. Olini, ancien colonel de l'armée d'Italie, excellent homme et brave soldat, eut ordre d'organiser une compagnie dont il prit le commandement et qui reçut un uniforme. Cette compagnie rendit quelques services qui furent appréciés des autorités.

Nous faisions avec l'armée de la foi une guerre d'extermination, et de terribles représailles eurent lieu trop souvent. La compagnie courut, par exemple, un assez grand danger dans l'affaire de Casa de la Selva. C'était en septembre 1822.

Ce gros village est situé à moitié route à peu près de Girone à San Felieu de Guixols. Le colonel Olini, reçut l'ordre de partir avec sa compagnie et un petit détachement de Léon pour servir d'escorte à un courrier et à quelques munitions de guerre destinées à la ville de Girone. Chemin faisant, le colonel fut informé par un faux espion qu'un faible parti royaliste était entré dans Casa de la Selva et y frappait d'énormes contributions. Après avoir fait ses dispositions, notre chef mit la colonne en mouvement et à peu de distance du village, nous lança au pas de course afin de surprendre l'ennemi qui probablement prévenu de notre approche, évacuait en ce moment le village, au nombre de cent hommes environ, y compris quelques cavaliers. Nous le poursuivîmes dans les fourrés jusqu'au pied de la montagne. Là, nos tirailleurs furent accueillis par une vive fusillade et refoulés sur la compagnie. Dans un instant, nous nous vîmes assaillis par plus de quatre cents hommes sortis de leur embuscade et qui poussaient des cris affreux.

Le colonel, avec son sang froid ordinaire, ordonna la retraite en échelons par peloton sur le village qui heureusement était à peu de distance, et nous parvînmes jusqu'à l'église où nous nous refugiâmes. Pendant notre retraite, nous perdîmes une dixaine d'hommes au nombre desquels nous eûmes à regretter le brave Marualdi.

Barricadés dans l'église, nous tînmes l'ennemi éloigné tant que dura le jour par un feu bien soutenu. La garde du clocher m'étant confiée, je m'y étais établi avec huit hommes et nous tirions sans aucun danger sur tous ceux qui se présentaient sur la place ou qui faisaient feu des fenêtres des maisons.

Vers la nuit, l'ennemi ayant rassemblé une quantité de bois dans une rue voisine de notre refuge et à l'abri de nos feux, une cinquantaine d'hommes chargés de ces combustibles se précipitèrent sur la porte de l'église pour y mettre le feu. Mais le colonel Olini, qui avait prévu ce mouvement, m'envoya une douzaine d'hommes de renfort, et alors, au moyen d'une suite non interrompue de feux plongeants, nous forçames les insurgés à abandonner le terrein en y laissant quelques morts. Néanmoins notre position devenait d'autant plus critique que nos cartouches étant épuisées, il ne nous était plus possible de prolonger la défense. Il ne fallait pas non plus songer à capituler, certains que nous étions d'être fusillés sans désemparer.

Cependant un des *libérales* du village, pénétré du danger que nous courions, monte à cheval pendant la nuit, s'échappe furtivement de l'endroit et se rend, en toute hâte, à Girone où il informe le chef politique de notre situation. Celui-ci fait aussitôt partir deux cents chasseurs du régiment de Barbastro et une vingtaine de cavaliers lesquels arrivèrent au point du jour à notre secours. Les insurgés furent chassés et poursuivis dans la montagne avec perte de plus de cinquante hommes depuis la veille.

Au retour nous fîmes enterrer nos malheureux camarades dont les cadavres étaient horriblement mutilés. Nous sûmes alors que cette bande était commandée par le féroce Carnissero (boucher du village). Le perfide espion que nous avions constamment gardé avec nous, fut convaincu de trahison et fusillé le jour même de notre arrivée à Girone.

Le colonel Pacchiarotti ayant de son côté organisé quelques compagnies avec les nombreux réfugiés italiens et français qui se trouvaient à Barcelonne, Mataro et autres villes des environs, en prit le commandement et opéra aussi contre les insurgés de concert avec les troupes espagnoles, placées sous les ordres du général Milans. C'est ainsi que nous nous rendîmes utiles, et méritâmes l'hospitalité espagnole en combattant pour la cause constitutionnelle.

Au commencement de l'année 1823, les affaires prirent un tout autre aspect. Le gouvernement français qui, pendant les deux années précédentes, avait discrètement favorisé les royalistes espagnols et établi sur la frontière un cordon sanitaire, se prononça ouvertement contre le gouvernement des cortès et fit publiquement les préparatifs d'une active intervention. De leur côté, les Cortès se préparèrent à la résistance. Il fut alors question de nous admettre dans l'armée régulière. Pour ma part, j'y répugnais fortement. D'un côté, je regardais comme un sacrilège, à moi qui pendant huit ans avais servi dans l'armée française, de combattre dans les rangs de ses ennemis. Le drapeau était changé, cela est vrai, mais c'était toujours l'armée française. D'un autre côté, ma femme me rappelait que j'étais père de famille, et me réitérait la promesse de venir me rejoindre avec mon fils en France, si je pouvais obtenir la permission de m'y rendre et l'autorisation d'y séjourner.

Je fis ma demande au préfet de Perpignan qui avait déjà favorisé quelques autres émigrés et je fis part de ma détermination à mes camarades. Je croyais avoir payé ma dette à la cause constitutionnelle et j'espérais que ma position de père et d'époux serait comprise. J'eus le regret de voir que si bon nombre de mes compagnons d'infortune m'approuvaient, d'autres au contraire ne craignirent pas de blâmer et même de calomnier mes sentiments et ma constante modération en matière de politique.

Dans les premiers jours d'avril, les troupes constitutionnelles évacuèrent la place de Girone. Démissionnaire depuis quelques jours, j'y restai comme simple particulier, attendant toujours le passeport demandé au préfet de Perpignan. Bientôt l'avant-garde de l'armée française entra dans Girone et fut suivie peu de temps après par le maréchal Moncey, commandant le quatrième corps. Je me présentai au général Desprez, son chef d'état-major qui me reçut avec bonté. Je lui exposai ma situation et mon intention d'entrer en France, en le priant d'en informer le maréchal et de m'obtenir un passeport. Ma demande fut accueillie avec une grande bienveillance, et pour en assurer le succès auprès du ministre de l'intérieur, le maréchal voulut l'appuyer d'un certificat de bonne conduite pendant mon séjour à Girone, signé de quelques notabilités locales. J'eus le bonheur de réunir, à ce sujet, les signatures les plus honorables de la ville.

Peu de jours après, M. le chef d'état-major me remit un passeport provisoire pour Perpignan, avec le certificat que voici :

« Nous maréchal de France, duc de Conegliano,

« commandant en chef le quatrième corps de l'armée

« des Pyrénées, nous étant assuré que le sieur Timothée
« Calosso, ex-adjudant-major aux chevaux-légers de
« S. M. le Roi de Sardaigne, réfugié en Espagne par
« suite des événements du mois de mars 1821, avait eu
« depuis dix-huit mois qu'il a fixé sa résidence à Girone.
« une conduite irréprochable, que sollicité de prendre
« du service dans les troupes constitutionnelles, il
« avait persisté dans la résolution de demeurer étran-
« ger aux événements politiques et militaires de la
« Péninsule, qu'il s'était concilié l'estime des habitants
« de Girone les plus recommandables; enfin qu'aucun
« jugement n'avait été porté contre lui.

« Nous l'avons autorisé à se rendre à Lyon pour
« s'y réunir à sa famille en attendant qu'il puisse
« obtenir de S. M. le Roi de Sardaigne de rentrer dans
« ses foyers.

« Au quartier général de Girone, le 23 mai 1823.

Le maréchal Commandant le quatrième corps d'armée.

Signé MONCEY.

Muni de ces deux pièces, je pris congé de mes bons
amis de Girone, et partis pour Perpignan où j'arrivai
vers la mi-juin. M. le préfet me fit délivrer un passeport régulier pour Lyon où je devais, à mon arrivée,
me présenter aux autorités locales, et établir ma
résidence.

Ici se présente à mes souvenirs une suite de tribula-
tions et de douleurs morales sur lesquelles je ne veux

pas m'appesantir. Bien des années ont passé sur ma tête depuis cette époque fatale. La Providence m'a largement indemnisé de quelques mois de souffrances, en même temps qu'elle punissait l'homme qui avait tenté de flétrir mon honneur. Qu'il suffise au lecteur de savoir que je ne trouvai à Lyon, ni ma femme ni mon fils, comme j'avais le droit de m'y attendre. Une lettre seulement me fut remise par laquelle elle m'engageait à prendre du service dans l'armée royaliste espagnole, c'est-à-dire à abjurer les principes pour lesquels je m'étais compromis en Piémont!!

A mon arrivée à Lyon, je devais, ainsi que je l'ai dit plus haut, me présenter au général commandant la division militaire (M. le comte Paultre de la Motte), et au préfet du Rhône (M. le baron Des Brosses). — Accablé par les navrantes nouvelles reçues de Turin, je négligeai cette obligation dont je ne m'acquittai que plus tard. Cette négligence m'attira de la part de M. Paultre de la Motte, homme très-violent, d'impertinentes réprimandes et des qualifications qui, adressées à un malheureux proscrit, étaient peu généreuses. S'appuyant, je ne sais comment, sur les indications contenues dans la lettre de madame Calosso, il alla jusqu'à me dire : « Vous n'avez, monsieur, qu'une « seule issue pour sortir de la position dans laquelle « vous vous trouvez ; écrire à M. le maréchal Moncey « et le prier de vous obtenir votre entrée dans l'armée

« de la foi. A cet effet, il faut vous rendre en Espagne. »

— « Général, répondis-je, vous me proposez une lâcheté, une bassesse dont je suis incapable. J'accepte ma situation avec résignation, quelque pénible qu'elle puisse être. »

Le général s'emporta, et je sortis pour ne plus le revoir. Ma pauvre tête se perdait et mon cœur se brisait sous de pareilles humiliations. Sept ans plus tard, le général Paultre de la Motte perdait son gouvernement et quittait la France à la suite de la révolution de juillet. Juste retour des choses d'ici bas ! ! !

M. le baron Des Brosses, Préfet du Rhône, était au contraire, un homme doux et bienveillant. Je m'expliquai franchement avec lui. Il me promit sa protection et me fit délivrer un permis de séjour sans m'astreindre à l'obligation de me présenter chaque jour à la police. Il en fut autrement avec le directeur général de cette administration. Celui-ci (M. Richard) eut l'impudence de me proposer, *afin de mériter, disait-il, la faveur du gouvernement*, de lui rapporter, moyenant rétribution, tout ce que diraient et feraient les réfugiés italiens internés à Lyon. — Monsieur, lui répondis-je avec une vive indignation, si c'est à cette condition que le séjour de Lyon m'est permis, j'y renonce. Désignez-moi un village, je m'y rendrai, mais n'insultez pas à mon malheur !

Je me retirai l'âme ulcérée ; mais je n'étais pas au

bout de mes peines. La double injustice de quelques anciens camarades d'une part, celle de l'administration de l'autre, me firent, à Lyon, la situation la plus horrible. Mais grâce à Dieu, je ne perdis pas courage. Mon âme sensible et fière se révolta sous le poids du malheur. Fort de mon innocence et du sentiment de ma propre estime, je résolus de tenir tête à l'orage.

Parmi les réfugiés piémontais qui se trouvaient à Lyon à cette époque, un jeune homme plein de cœur et de délicatesse, M. Paul Oggero des environs d'Asti (je cite son nom avec bonheur), s'attacha à moi, à raison même des souffrances et des injustices qui m'accablaient. Il me procura du travail et m'offrit même de partager sa bourse et son logement.

En janvier 1825, je trouvai quelques autres ressources dans la bienveillance d'un officier attaché à l'état-major de la division qui me fit désigner comme interprète auprès du conseil de guerre, pour la langue espagnole. Plus tard, je m'associai à un compatriote pour la fabrication des cigares de contrebande. Nous recevions du tabac en feuilles et nous le roulions en cigares au profit d'un individu qui se livrait à cette spéculation qui, précisément parce qu'elle était prohibée, lui rapportait de grands bénéfices. Nous passions une partie des nuits à ce travail et nous nous reposions le jour.

Nous logions alors chez un jardinier, ancien militaire

qui connaissait notre secret et nous protégeait. Cependant toutes nos précautions ne parvinrent pas à nous soustraire à la vigilance de la police. La femme qui nous apportait le tabac et remportait les cigares fut saisie à la porte du jardin. Le lendemain, nous fûmes mandés chez le préfet qui commença par nous réprimander vertement en nous faisant connaître la peine à laquelle nous étions exposés. Puis cet excellent homme qui comprenait à merveille que le besoin seul avait pu nous forcer à chercher une occupation aussi misérable, trouva dans son cœur le moyen de nous créer une ressource qui, comme il le disait lui même, n'était pas de nature à nous compromettre.

« Voici, me dit-il, une lettre d'introduction auprès de l'ingénieur des ponts et chaussées. Je me suis entendu avec lui. Vous aurez du travail et ce travail ne vous exposera point à la prison. » — Quel noble et digne cœur! Vingt ans après, entouré d'honneurs et de considération, je passai à Lyon et j'eusse été bien heureux de lui exprimer la vive reconnaissance dont sa conduite m'avait pénétré. J'eus la douleur d'apprendre qu'il était mort.

Cependant l'ombrageuse police de Paris, informée d'une absence sans autorisation que j'avais faite de Lyon, me fit ordonner par le préfet du Rhône de partir pour la capitale où je serais soumis à une surveillance plus active. C'était en juillet 1825. Je dus laisser là mes connaissances et mes ressources, et avec une escarcelle bien légère j'arrivai à Paris pédestrement à la fin d'août 1825.

CHAPITRE VIII.

A mon arrivée à Paris, j'eus le bonheur de rencontrer dans un ami de ma famille, M. Charles Briffaut, un appui qui me fut bien précieux. A la fin d'octobre, je fis aussi la rencontre d'un de mes anciens camarades, du régiment devenu industriel. Le bon Gagnier, informé de ma position précaire, m'offrit de travailler dans son atelier (une satinerie de papier), et, comme on le pense bien, j'acceptai avec un vif plaisir, puisque j'échappais ainsi à la nécessité d'être à charge à quelqu'un.

Me voici donc installé à l'extrêmité de la rue d'Enfer, m'occupant, durant six jours, de ma besogne et, véritable ouvrier, faisant goguette le dimanche. Le lundi, nous reprenions gaîment notre travail et Dieu sait si nous songions à la politique. Je ne voyais, à mes moments de loisir, que M. Briffault et quelques anciens camarades du régiment. Cette vie laborieuse et tranquille ne me sauva pas des ombrages de la police qui, dans les premiers jours de février 1826, m'enjoignit de quitter Paris et la France. On me désigna arbitrairement la route de Belgique et je fus pourvu d'un passeport avec itinéraire obligé. La mesure, il est vrai, ne m'atteignit pas seul et j'eus pour camarades d'infortune plusieurs autres réfugiés qui prirent la même direction que moi.

Ainsi me voilà de nouveau sans asile et sans protection! Tant de persécution, tant d'injustice et de misères donnèrent à mon caractère une susceptibilité que je n'avais jamais connue. Je devins rude, fier, orgueilleux même. Et (destinée étrange!) ces défauts m'aidèrent à franchir, sans déshonneur, l'abîme de misère ou j'étais plongé : et comme on le verra plus tard, ils me valurent une véritable fortune auprès des Turcs!

Maintenant je dois déclarer que je n'ai jamais songé à rendre le peuple Français solidaire des injustices de la police de cette époque. Il avait une sympathie réelle pour nous autres pauvres réfugiés politiques. Aussi quand en 1830, je jouissais de la faveur du sultan Mahmoud, je prouvai au pays sous le drapeau duquel j'avais servi de 1806 à 1814, que mon affection pour la France vivait encore tout entière dans mon cœur.

A Bruxelles, j'avais au moins l'espoir de rencontrer l'odieux ennemi qui m'avait desservi par ses calomnies. On m'apprit que depuis quelques jours il était parti pour Londres. Je me mets en route pour l'Angleterre avec M. Rossi, officier de la brigade d'Alexandrie. A Ostende, le consul Britannique nous procura le passage gratis sur un yackt de l'état qui partait pour Douvres. De cette ville, nous nous rendîmes à Londres où nous fûmes sur le champ admis à la jouissance des secours que l'humanité anglaise accordait aux réfugiés sans ressources. Quant à l'homme que je cherchais pour m'en venger, j'appris que, devenu philellène, il était parti pour la Grèce. Je résolus de suivre ses traces en Orient. A cet effet et de concert avec M. Rossi, je sollicitai du comité grec et obtins la faveur d'être compris dans la première expédition.

Le 2 juin, nous mîmes à la voile pour Nauplie de Romanie, au nombre de douze militaires italiens, sous la conduite du colonel Pisa, napolitain, à bord du brick anglais *Ann*, avec des canons, des munitions de guerre et du numéraire pour le gouvernement hellénique.

Au cap Saint-Vincent, nous essuyâmes un très gros temps et fûmes violemment poussés dans le détroit de

Gibraltar. Notre brick ayant subi quelques avaries, nous dûmes jeter l'ancre dans le port de cette admirable forteresse, et après y avoir fait les réparations nécessaires, nous reprîmes la mer et entrâmes dans la Méditerranée. Nous eûmes quelques calmes qui, pendant huit jours, nous retinrent devant le cap Palo. Un bon vent d'ouest ayant succédé aux calmes, nous doublâmes successivement les îles Baléares, la Corse, la Sardaigne et entrâmes dans le canal de Malte où pendant trois jours nous fûmes battus par une violente tempête, après quoi le brick pour la deuxième fois, depuis le départ de Londres, jeta l'ancre dans le port de l'ancienne ville des Preux-Chevaliers.

Après avoir renouvelé nos provisions, nous reprîmes la mer par un beau temps et atteignîmes heureusement l'île de Cerigo. Le capitaine ayant signalé la flotte turque dans les eaux de Candie, l'évita en enfilant le canal qui sépare les côtes du Péloponnèse de Cerigo, et le lendemain nous entrâmes dans le golfe de Nauplie. Nous fûmes hélés par une goëlette de guerre autrichienne; le capitaine se rendit à bord, et après quelques explications avec le commandant de la goëlette, nous poursuivîmes notre route et entrâmes le même jour dans le port de Nauplie où nous mouillâmes auprès de l'escadre française. C'était le 20 juillet.

Après la remise de la cargaison aux autorités locales (circonstance qui, pour le dire en passant, nous donna

la mesure du caractère de ce peuple), nous nous rendîmes au camp de Méthéna où M. le colonel Fabvier
avait réuni trois bataillons de réguliers, quelques cen-
taines de Palicares, milice du pays, et la compagnie
dite *sacrée*, composée d'environ quatre-vingts hommes
de toutes les nations et à laquelle, nouveaux venus,
nous fûmes incorporés. M. le colonel Pisa en prit le
commandement.

Établis sous nos tentes, nous fûmes aussitôt visités
par d'anciens camarades qui nous avaient précédés.
Quelle fut ma surprise en voyant venir à moi P. . . . . .
(mon calomniateur) souriant, qui me tend la main et
me félicite sur mon arrivée en Grèce!

« Infâme, lui dis-je, indigné de tant d'audace et
d'hypocrisie, ce n'est pas pour recevoir ta main que
j'ai suivi tes pas jusqu'ici, mais bien pour te demander
satisfaction de tes calomnies! »

Pendant le voyage, M. Rossi avait expliqué à mes
compagnons mes préoccupations et mes projets. Tous,
en voyant l'accueil que je faisais à P....... s'écrièrent:
Bravo! bravo! Calosso. Cela s'appelle rendre mépris pour
calomnie, en attendant mieux. Le même jour, deux de
mes amis, Rossi et Salucci, portèrent en mon nom un
cartel à P...... Il le refusa, en disant qu'il était prêt à me
donner toute autre satisfaction. L'affaire une fois ébrui-
tée, le duel devenait impossible, car nos chefs y mirent
empêchement, le colonel Fabvier en imposant les arrêts

à P...... et M. Pisa en faisant la même chose à mon égard.
De sorte que, pour le moment, je dus me contenter
d'une satisfaction écrite que le colonel Pisa me fit
remettre. La justice divine se chargea bientôt de compléter la satisfaction qui m'était due en faisant périr
mon ennemi quelques jours après dans une circonstance
que je vais rapporter.

Renforcé par environ deux mille Palicares, le colonel
Fabvier, dans la nuit du 18 août 1826, leva le camp
pour marcher au secours d'Athènes dont l'Acropolis
était assiégée par les Turcs. L'expédition avait le double
but de combattre les Turcs et d'introduire dans la forteresse des munitions et des vivres dont manquait la
garnison. Par la faute des Palicares, l'expédition manqua.
Le 19, au point du jour, nous étions en vue du camp
Ottoman établi dans un bois d'oliviers, en avant de la
ville. Il nous eût été facile de le surprendre, sans l'imprudence de nos Palicares qui, pour donner avis de
notre présence aux assiégés, se mirent à tirer des coups
de fusil, au lieu de marcher résolument à l'ennemi comme
l'entendait le colonel Fabvier. Cette maladresse avertit
l'ennemi qui était sur ses gardes quand nous l'abordâmes, et nous dûmes faire halte. Les Musulmans, après
avoir reconnu nos forces, nous attaquèrent dans notre
position. Ils avaient environ trois cents cavaliers; nous
n'en avions pas un seul pour nous éclairer sur nos
flancs.

Malgré notre infériorité numérique, nous tînmes bon jusqu'à la nuit que nous passâmes sous les armes à l'abri d'une surprise dans les maisons et les jardins murés du hameau de Haidary.

Le lendemain 20, nous reprîmes l'offensive et nous fûmes repoussés sur notre position de la veille, non sans perte de beaucoup de réguliers qui, chargés par la cavalerie turque, furent rompus et sabrés dans leur mouvement rétrograde.

Désespérant de vaincre avec de pareilles troupes, le colonel Fabvier ordonna la retraite laquelle devait s'opérer pendant la nuit, et nous en étions encore séparés par quatre heures environ. Cependant l'ennemi avait établi une batterie de trois pièces et canonnait les maisons derrière lesquelles nos troupes étaient massées. La compagnie sacrée défendait nos deux petites pièces de montagne placées sur un mamelon à droite du hameau. Les affûts en étaient si peu solides qu'au septième ou huitième coup ils se brisèrent.

Avant la tombée de la nuit, nous devions quitter notre position et nous retirer par file en conservant une certaine distance, afin de ne pas attirer sur nous les feux de la batterie turque en passant dans l'intervalle qui sépare le mamelon du hameau, précaution bien entendue, mais qui exigea beaucoup de temps. Je commandais la dernière section de gauche et le mouvement commençant par la droite, je devais me retirer des derniers. La troupe et la presque totalité de la compagnie avait déjà évacué le hameau quand j'y arrivai avec le sergent Buffa et le jeune Schweigarten, Wurtembergeois, qui appartenait à ma section. Ne voyant personne au lieu désigné pour notre réunion, je dis à mes compagnons : entrons dans le jardin ; la compagnie y sera probablement. Dans cet instant, P...... arrivé de son côté, à la porte d'entrée me dit : « Le colonel s'est retiré avec le gros de la troupe, nous devons former l'arrière-garde. La compagnie est ici, je vais avec ma section. »

Il se dirige à droite, Buffa et moi nous prenons à gauche, Schweigarten disparaît. Nous approchons d'un groupe d'hommes et nous tombons stupéfaits en entendant parler une langue inconnue ! *Les Turcs !* me dit Buffa, et ces deux mots sont suivis de plusieurs coups de fusil dont aucun ne nous atteint, heureusement. De notre côté, nous lâchons nos deux coups et nous rétrogradons en chargeant nos armes. Dans notre trouble, au lieu de nous rapprocher de la porte, nous nous en éloignons, mais nous avons le bonheur de tomber en face d'une brèche qu'un boulet ennemi avait faite dans le mur en terre battue. Buffa passe le premier, je le suis de près, et je m'assure que nous ne sommes pas poursuivis. Une fois dans la plaine, nous entendons dans la direction que nous devons suivre, le tambourin et les cris de guerre des cavaliers turcs qui poursuivent vraisemblablement notre arrière-garde. Nous nous jetons à gauche et suivons, en courant, l'ancienne voie sacrée. Arrivés au pied de la montagne, nous nous engageons dans un petit sentier où nous trouvons un jeune Palicare grec lequel connaissant les localités nous servit de guide, et de rocher en rocher, nous atteignîmes le sommet de la montagne, harassés de fatigue et mourants de soif.

La lune s'étant levée, nous nous reposâmes quelque temps et nous mangeâmes un peu de biscuit en le partageant avec notre guide. Après quoi, par des chemins entourés de précipices, nous arrivâmes enfin le matin à Eleusis où nos troupes avaient pris position. C'est alors que nous apprîmes par un Palicare, échappé des mains des Turcs à la faveur de la nuit, que P..... et Schweigarten, arrêtés avec lui par les Albanais comme Philellènes, avaient été décapités en sa présence.

Sur le soir, nous levâmes le camp, et d'Eleusis nous nous rendîmes à Mégare. Le lendemain, nous regagnâmes Méthéna. Mon but, en partie atteint, je pris la résolution de me retirer du service grec. Tandis que nous combattions pour eux, ces braves gens pillaient nos effets laissés à leur garde dans les magasins de Méthéna !!!

On ne peut se faire une idée de ce qu'eurent à souffrir les Philellènes de la part du peuple le plus immoral et le plus vicieux de la chrétienté. Pour ma part, dégoûté par les procédés d'une nation qui, à cette

époque, avait su s'attirer l'intérêt des grandes puissances de l'Europe, rebuté par le spectacle des coteries
et des intrigues qui s'agitaient sous mes yeux ; je tournai mes regards vers la Turquie. La destruction des
janissaires était un fait tout récent et il accusait chez
le sultan Mahmoud, non-seulement un grand courage,
mais une ferme volonté de régénérer son Empire. On
disait autour de moi qu'à l'exemple de Méhémet-Ali,
gouverneur de l'Egypte, Mahmoud réorganisait son
armée et qu'il en confiait l'instruction à des officiers
Européens. Je résolus de me rendre à Constantinople
pour offrir mes services au Sultan. J'étais loin de me
douter que la Providence, en dédommagement des
souffrances passées, me réservait là une situation des
plus brillantes, et qu'avec la faveur d'un prince excellent,
j'allais obtenir le droit de concourir, dans la mesure de
mes forces, à la civilisation militaire d'un puissant
Empire.

Je pris passage sur une goëlette grecque, commandée par un ancien officier de la marine française,
M. de Croze, partant du port de Méthéna pour l'île de
Zéa, où je débarquai en compagnie de Buffa, ex-sous-
officier des chevaux-légers piémontais. Nous nous
rendîmes ensuite à Syra, sur un petit bâtiment qui
faisait le cabotage d'une île à l'autre. A Syra, nous
retrouvâmes M. Rossi, et ayant obtenu du consul de
Sardaigne un passeport provisoire, nous nous embar-

quâmes pour Smyrne. A mon arrivée dans cette cité
importante de l'Asie-Mineure, je possédais encore dix
livres sterling sur les vingt que le comité de Londres
nous avait allouées à chacun de nous, à titre de gratification. Pendant près de quatre mois je vécus au moyen
de ces deux cent-cinquante francs, sans tendre la main
à personne.

Muni d'un passeport du proconsul sarde de Syra,
je me présentai, après quelques jours d'attente, au
chevalier de Montiglio, moins comme au représentant
du Roi de Sardaigne que comme à un ancien officier
de l'armée Napoléonienne dont les idées, disait-on,
avaient de l'élévation. Il me fit un accueil glacial. Plus
tard, j'aurai à faire mention de lui.

Pendant mon séjour à Smyrne, je fus confirmé dans
l'opinion que le gouvernement ottoman admettait à son
service des officiers chrétiens, en qualité d'instructeurs.
J'y appris aussi que le général Guilleminot, ambassadeur de France près la Sublime-Porte y jouissait d'un
grand crédit et d'une haute considération. Comme
j'avais connu le général pendant la campagne d'Allemagne, en 1813, je me décidai à lui écrire; je lui
avouai franchement par suite de quelles circonstances
je me trouvais dans une situation malheureuse, et je
le priai de vouloir bien s'intéresser à moi dans la sup-
position que le gouvernement auprès duquel il était
accrédité eût besoin d'un officier de cavalerie pour
l'instruction des troupes de cette arme.

Quelque temps après, je reçus par l'entremise du consul de France à Smyrne, une réponse qui me combla de joie. Le général me conseillait, entr'autres choses, *de ne pas m'éloigner de Smyrne, de ne confier mes projets à qui que ce fût, dans la crainte de me créer des concurrents, d'apprendre la langue turque et d'attendre ses nouveaux ordres.*

Plusieurs mois s'écoulèrent et je commençais à m'inquiéter sérieusement, quand dans les premiers jours de janvier 1827, une seconde lettre du général me fut remise par le même consul. Elle contenait l'ordre du départ pour Constantinople.

Le 12 janvier, je quittai Smyrne, où je laissai quelques amis, entr'autres M. Trumper, aujourd'hui major-général en retraite du service belge, et en compagnie de M. de Croze, qui avait aussi quitté les Grecs, je pris la voie de terre, et par Magnésie, Brousse et Mondagna, nous arrivâmes à Constantinople le 18 au soir.

CHAPITRE IX.

Mille descriptions ont été faites de Constantinople et je n'ai pas la prétention de venir redire ici ce qui a été dit si souvent et si bien sur cette ville unique au monde. En pénétrant pour la première fois dans le Bosphore, M. de Lamartine n'avait pu que s'écrier (1):

« C'est là que Dieu et l'homme, la nature et l'art
« ont placé et créé de concert le point de vue le plus
« merveilleux que le regard humain puisse contempler

(1) Voyage en Orient

« sur la terre. Je jetai un cri involontaire et j'oubliai
« pour jamais le golfe de Naples et tous ses enchante-
« ments. Comparer quelque chose à ce gracieux et ma-
« gnifique ensemble, c'est injurier la création, etc...... »

Je renvoie le lecteur au tableau que l'illustre écrivain a tracé de Constantinople et de ses admirables
points de vue. C'est la peinture la plus fidèle et la mieux
faite qui m'ait jamais passé sous les yeux. Tout ce que
j'en veux dire, c'est que par sa situation entre les trois
continents sur lesquels s'étendent encore aujourd'hui
les rameaux de son vaste Empire; en possession d'un
port admirable; dominant les mers les plus fréquentées
du globe, Constantinople est appelée a devenir un jour
le chef-lieu de la plus colossale puissance qui ait jamais
paru sur la terre. Mais je rentre dans mon sujet.

A Péra, faubourg habité par les Francs, je fis la
connaissance du docteur Ferry, médecin français attaché à l'ambassade, et de M. Garreau, autre français
qui dirigeait une brasserie au village de Thérapia. Le
docteur Ferry eut la complaisance d'annoncer mon
arrivée à son excellence M. l'ambassadeur de France
et ensuite de me présenter. Le général me reçut avec
bienveillance et m'assura que je serais employé a l'instruction de la nouvelle cavalerie; il me recommanda
de ne pas me décourager de la lenteur des Turcs et
d'attendre. Alors je passai mon temps entre le séjour de
Péra et celui de Thérapia où M. Garreau m'avait offert
l'hospitalité.

Malgré les instances des interprètes de la légation auprès du séraskier (ministre de la guerre), j'étais toujours renvoyé aux calendes Grecques avec le *Bakalum* d'usage (nous verrons). Enfin, Kosrew-Pacha ayant succédé à l'indolent Hussein-Pacha, les chevaux furent rentrés du vert, et le nouveau ministre fit prier l'ambassadeur de lui envoyer l'officier instructeur sous la conduite de son médecin, pour être présenté a S. E. Mandé alors par le général, je me rendis le lendemain avec le médecin du séraskier à Eski-Sérail (palais du séraskier).

Kosrew me fit bon accueil, me dit que j'étais admis à l'honneur de servir sa Hautesse, et fixa mes appointements ; puis il me donna un *drogman* ou interprète.

Ayant ensuite fait réunir une vingtaine de jeunes musulmans pris parmi ses esclaves et familiers, il me les confia pour être instruits dans l'équitation militaire d'après la théorie de la cavalerie Française. Je fis choix de vingt chevaux pour mes élèves et de deux pour mon service particulier. Je désignai dans la grande cour du palais un terrein convenable à l'établissement d'un manège. La difficulté consistait dans la forme des selles turques qui ne pouvaient servir.

En attendant qu'on en confectionnât à la hussarde, d'après le modèle que je présentais, je proposai la selle tartare qui, à quelque petite différence près, a la forme de la selle hongroise.

Le séraskier voulut que je fusse logé dans son palais.
A cet effet, il me fit meubler un petit appartement indépendant. Le tailleur de son excellence reçut l'ordre de
me confectionner deux habillements complets de grande
et de petite tenue. Deux schalls, l'un pour turban et
l'autre pour ceinture, me furent également fournis avec
les calottes rouges dites *fez*, aux frais de Kosrew-
Pacha. C'était l'usage.

Le troisième jour de mon installation, je fis l'ouver-
ture de mon manège découvert. Le séraskier, sur ma
demande de le faire couvrir, afin d'y pouvoir donner
mes leçons en tout temps me répondit en riant : *Je ne
le juge pas nécessaire.* — Je ne soupçonnais pas alors
que je ne devais être auprès de lui que provisoirement
et à titre d'épreuve.

Assisté de mon drogman, je donnai ma première
leçon. Mes élèves pleins de bonne volonté manifestèrent
pourtant, dans les premiers jours, une véritable répugnance à obéir à un chrétien.

Ce n'est pas une tâche facile que d'entreprendre
l'instruction de jeunes gens, qui obéissant à un
ardent fanatisme religieux, vous considèrent comme un
être dégradé ; quand surtout vous ne connaissez pas leur
langue ni eux la vôtre. Les drogmans rendent toujours
plus ou moins imparfaitement ce qu'on leur fait traduire. Etrangers au métier, ils ignorent les mots
techniques qui sont souvent intraduisibles.

Parmi ces vingt élèves, il y avait un jeune musulman très-intelligent. Habitant de Péra, il avait eu, avant la réforme, de nombreux rapports avec les jeunes Français de l'ambassade destinés à l'étude des langues orientales. Il avait appris le français et le parlait assez bien. Il s'appelait Namik-Effendi, depuis Namik-Pacha. Il est devenu lieutenant-général d'infanterie. Il a rempli avec intelligence plusieurs missions diplomatiques auprès des différentes cours de l'Europe. A mon grand regret, il dut renoncer à l'arme de la cavalerie, à raison de la faiblesse de son tempérament. Chaud partisan de la réforme et pourvu d'une ambition élevée, Namick a eu une destinée brillante. J'ai eu du reste à me louer de lui dans tous les temps et dans toutes les situations. Plus tard, nous traduisîmes ensemble l'ordonnance de la cavalerie française, travail qui nous coûta beaucoup de temps.

Je donnais deux leçons par jour. Kosrew-Pacha et son fils adoptif Halil-Bey, alors colonel d'infanterie, aujourd'hui Halil-Pacha, grand amiral et beau-frère du Sultan régnant, prenaient souvent part à nos leçons. Le premier se plaçait toujours à la tête de la reprise et le second à la queue. Comme ils n'exécutaient mes commandements qu'imparfaitement et ne cessaient de parler, ce qui était d'un très mauvais exemple, leur présence me contrariait fort, attendu que j'exigeais de mes autres élèves une attention soutenue. Un jour

Kosrew, pendant que je faisais mes commandements, se mit à chanter un air turc, et Halil de l'accompagner de sa voix nasillarde.

Blessé d'une pareille conduite, je fais arrêter la colonne, et m'adressant à Namick-Effendi, je lui dis : « Je vous prie, monsieur, de demander à Son Excellence si elle m'a pris à son service en qualité d'officier instructeur ou en celle de maître-bouffe. » — Le jeune homme hésitait à faire la traduction de mes paroles, quand le séraskier la lui demanda. Kosrew, en homme d'esprit, ne se fâcha pas ; il comprit que je voulais être respecté. Sans me dire un mot, il fit ouvrir la porte du manège et sortit suivi de Halil. Alors je fis mettre pied à terre à mes élèves stupéfaits de la hardiesse de mon apostrophe et je les congédiai.

J'étais à peine rentré à mon logement avec mon drogman, quand un officier du pacha vint de la part de S. E. me *prier* et non m'*ordonner* (remarque judicieuse que fit mon drogman) de me rendre auprès de lui. J'obéis à l'instant. Chemin faisant, puisque le gant était jeté, je me promis bien de défendre ma dignité, et de me retirer, si le pacha contestait mes droits à sa considération. J'étais indigné du mépris avec lequel on traitait les autres instructeurs et j'étais résolu à ne pas subir une pareille humiliation.

En entrant au salon, je trouvai le jeune Namik debout près du pacha. Un officier avait retenu, sans doute par ordre, mon drogman dans l'antichambre.

Je fus très-agréablement surpris de m'entendre dire :
« Mon ami (dostoun), expression dont les turcs élevés
en dignité étaient fort avares, surtout avec les chrétiens ,
« mon ami, tu m'as donné ce matin une leçon dont je
« saurai profiter. Je ne retournerai plus au manège,
« mais je donnerai des ordres pour qu'à l'avenir per-
« sonne ne trouble plus tes leçons et pour que tu sois
« obéi et respecté. »

Bien que le pacha m'eût fait asseoir sur le divan à
ses côtés, qu'il m'eût fait servir la pipe (chose contraire
à l'étiquette) et le café de l'hospitalité, j'avais peine à
en croire mes oreilles quand Namick me répéta, en les
traduisant, les paroles que je viens de transcrire.

Je le priai de dire à S. E. que j'étais désolé de ce
qui s'était passé. Kosrew, se doutant bien que je cherchais à justifier ma conduite, m'interrompit et dit
à Namick : — « Je comprends si bien les raisons de
l'instructeur, que je l'engage à continuer ainsi et à oublier l'incident de ce matin pour me faire plaisir, car il
est tout à son avantage. »

Satisfait du pacha qui tint parole, et secondé par
les excellentes dispositions de mes élèves, lesquels profitèrent aussi de la leçon donnée à Kosrew, je redoublai
de zèle et en peu de jours, j'obtins des résultats qui
surpassèrent mon attente et me valurent de la part du
séraskier une foule de compliments. J'avais soin d'informer le général Guilleminot de tout ce qui se passait

relativement à mon instruction ; il approuvait ma manière d'être, et c'était pour moi une puissante raison d'y persister.

Il faut bien croire aussi que le sultan Mahmoud fut instruit de la scène du manège et qu'elle lui fit une impression favorable, car longtemps après, sa Hautesse dans nos conversations intimes, me la rappela en riant aux dépens de Kosrew-Pacha. Je m'étais aperçu, dès les premiers jours, que j'étais l'objet de la surveillance la plus minutieuse. On rapportait au sultan, comme je l'appris par la suite, tout ce que je faisais, tout ce que je disais. L'idée ne me venait pas alors que je subissais une épreuve auprès du séraskier avant d'être jugé digne d'approcher sa Hautesse qui avait la pensée de me confier l'instruction de ses nombreux Itch-Oglans. Si j'eusse manqué de dignité et courbé la tête sous les humiliations de l'orgueil musulman, on m'eût méprisé et probablement éconduit.

Avant d'aller plus loin, qu'il me soit permis de donner son véritable sens à un mot qui se présentera souvent sous ma plume. Les Européens, en général, confondent les mots de *harem* et de *sérail*, et ceci mérite explication.

Le mot de sérail (en langue turque *serai*), signifie palais. On dit *le sérail*, pour désigner le palais du grand seigneur, comme en France, on dit *les Tuileries*, et en Angleterre, *Windsor*, pour désigner le palais habité par le souverain. Mais *la Sublime-Porte* (Bab-Houmayoun), vaste palais affecté aux deux grands ministères de l'intérieur et des affaires étrangères, est un *sérail*. Le séraskier a son palais ou sérail (*Eski-Sérail*), le grand visir a le sien, etc., etc., etc.

Dans le sérail du grand seigneur, il existe un appar-tement affecté aux femmes ; c'est le *Harem*, gardé à l'extérieur, par des eunuques blancs, à l'intérieur, par des eunuques noirs. L'accès du harem est interdit, sous peine de mort, à tout autre homme qu'au Sultan (les eunuques ne sont pas des hommes).

La condition des femmes de l'Orient, puisque j'en suis sur ce sujet, a été peinte au siècle dernier par Montesquieu dans ses *Lettres Persanes* avec une grande originalité, et elle n'a guère changé depuis cette époque. La Bible nous apprend, au reste, que de tout temps, la polygamie a existé en Orient, et la polygamie a nécessairement pour conséquence l'infériorité de la femme.

Le harem du grand seigneur, comme tous les harems des pachas, est peuplé d'esclaves achetées à grand prix sur les marchés de la Géorgie et de la Circassie. La première, ou pour parler plus exactement, la seule condition d'entrée dans un harem, c'est la jeunesse et la beauté. Les qualités morales comme l'intelligence et la noblesse du cœur, n'entrent pour rien dans le choix d'une femme.

Les femmes du Sultan sont, sans contredit, les moins libres de tout l'Empire. Aucune d'elles ne peut quitter le harem, tandis que toutes les autres femmes peuvent aller dans les rues avec une parfaite liberté; pourvu qu'elles rentrent le soir, rien ne s'oppose à ce qu'elles aillent où il leur plaît. Toutes marchent voilées et portent le même costume, de telle sorte qu'un mari, le voulût-il, ne pourrait reconnaître sa femme dans la rue. Aucun non plus, s'il la reconnaissait, ne s'aviserait de l'arrêter. Ce serait une inconvenance des plus répréhensibles.

J'ai dit plus haut que l'accès du harem du Sultan est interdit, sous peine de mort, à tout autre homme qu'au grand seigneur lui-même. Ceci me rappelle une petite anecdote que je demande à mes lecteurs la permission de placer ici, bien qu'elle se rapporte à une époque de beaucoup postérieure; mais comme je n'aurai plus occasion de revenir sur ce sujet, il convient, je crois, de finir ce que j'ai à en dire.

Un jour, en rentrant au sérail, Mahmoud qui s'appuyait sur mon bras et qui conséquemment m'entraînait avec lui, se dirigea vers son harem. A mesure que nous approchions du lieu sacré, les eunuques me faisaient des signes de plus en plus énergiques d'indignation et de colère. Mais retenu par le prince, qui s'amusait peut-être de l'embarras qu'il croyait me causer, j'avançais toujours sans paraître remarquer l'émotion croissante des eunuques. Enfin, arrivé presqu'à la porte des femmes, le Sultan me lâche le bras et me congédie de la main, en me disant d'un ton sérieux :

— « Nul autre que moi ne doit pénétrer ici. »

FIN DE LA PREMIÈRE PARTIE.

SECONDE PARTIE.

MÉMOIRES

D'UN

VIEUX SOLDAT.

CHAPITRE PREMIER.

Le Sultan Mahmoud. — Je suis présenté à Sa Hautesse. — Ma susceptibilité m'est utile. — J'entre à son service.

Dieu merci! je n'aurai plus à évoquer de tristes ou d'amers souvenirs. Depuis la paix de 1814, j'ai subi bien des humiliations. En rentrant volontairement sous les lois de la maison de Savoie, dans ma patrie d'origine, il m'a fallu renoncer à l'épaulette que j'avais laborieusement conquise. Plus tard, j'ai souffert la proscription et ses mille douleurs; j'ai connu l'isolement, l'abandon, le mépris, la pauvreté. J'ai essuyé les traits de la calomnie plus meurtrière que les boulets et la mitraille. Le malheur m'avait ravi jusqu'à mes amis et à ma famille ! ! ! La faveur d'un sultan va me rendre plus que je n'ai perdu. Une ère nouvelle s'ouvre devant moi. Les honneurs, la considération, la fortune vont succéder aux humiliations et aux souffrances dont j'ai déroulé le tableau, dans la première partie de ces mémoires. Amis et famille vont me revenir !

Et cependant rien n'est changé en moi ; je suis le même homme, j'ai les mêmes principes, les mêmes défauts et peut-être aussi (pourquoi ne le dirais-je pas ?) les mêmes qualités. Sans doute j'aurai encore des travaux et des peines ; j'aurai à vaincre les défiances, les soupçons, les intrigues et aussi les préjugés d'une race ignorante et fanatique. Mais avec de la patience et de la dignité, on triomphe de ce genre d'obstacles. Ce qui m'est arrivé avec le séraskier m'a déjà démontré qu'il y a dans la race Turque un grand fonds d'honnêteté et de bonne foi.

En 1827, à l'époque où j'entrai au service du Sultan, les Osmanlis de toutes les classes étaient encore dominés par un fanatisme aveugle. Dans leur ignorance stationnaire, ils se persuadaient que le contact d'un chrétien était une véritable souillure. Tous se faisaient sur leur puissance une illusion dont on ne saurait aujourd'hui se faire une idée ; et je n'exagère pas en affirmant que l'opinion universelle en Turquie attribuait au grand Padischa (le Sultan) une telle supériorité dans le monde que tous les souverains de l'Europe et de l'Asie n'étaient, aux yeux des Musulmans, que ses vassaux. C'est de lui qu'ils tenaient leurs couronnes, et il dépendait de lui de les leur ôter.

Mahmoud eut le rare bonheur de vaincre en lui même ces préjugés absurdes, et il tenta de les arracher à ses sujets.

Le sultan Mahmoud II arriva au trône en 1808, à l'âge de 23 ans. Absorbé dès les premiers pas de son règne, dans une guerre avec la Russie, il eut, après la triste paix de Bucharest, à lutter contre les ambitieux pachas qui lui arrachaient par lambeaux les plus belles provinces de son Empire. Ali de Tébélen, pacha de Janina, Méhémet-Ali, gouverneur de l'Egypte, se constituaient à eux-mêmes de véritables souverainetés aux dépens de leur suzerain. Mahmoud les combattit avec des chances diverses, mais la lutte elle-même, surtout celle avec la Russie, lui apprit que la discipline Européenne triompherait toujours de la force physique et du courage individuel. Les révoltes de la Servie et l'insurrection de la Grèce confirmèrent dans son esprit le besoin d'une réforme radicale.

Telle était la situation de l'empire Ottoman lorsqu'au milieu de l'année 1827, je fus appellé auprès du Sultan. La première réforme à opérer, Mahmoud le comprit, c'était celle de son armée. A l'exemple de Méhémet-

Ali, il fit appel aux anciens officiers que la paix de 1814 et les révolutions politiques qui en furent la suite avaient laissés sans emploi. La Servie était apaisée ; le vieux Ali-Pacha avait été vaincu et détruit ; les Janissaires venaient d'être écrasés, et Mahmoud avait déployé dans sa lutte avec cette milice fanatique et indisciplinée une énergie et une audace incomparables. Ma situation était toute tracée ; il fallait avec un prince de cette trempe, montrer un grand dévoûment à son devoir, tout en faisant respecter sa propre dignité. Je crois être resté fidèle à ce double principe ; je n'ai abdiqué ni ma religion, ni ma nationalité, et c'est à cette conduite honorable et soutenue que j'ai dû la haute et constante faveur dont j'ai joui auprès de Mahmoud. J'ai triomphé peu à peu des répugnances et des préjugés de mes élèves, et je me suis acquis parmi eux des amis que je conserve encore.

Si dans les premiers temps de mes rapports avec les jeunes itch-oglans, il m'arrivait de les toucher pour corriger une position défectueuse, ou pour tout autre motif, ils le souffraient impatiemment ; plusieurs poussaient la superstition jusqu'à faire leur ablution dès que les rangs étaient rompus. Plus tard, quand ils connurent l'utilité de l'instruction ; quand ils comprirent qu'en profitant de mes leçons ils auraient les grades pour récompense ; quand ils virent que j'étais doux, patient, indulgent envers ceux qui montraient de la bonne volonté et de l'aptitude ; sévère et exigeant avec ceux qui se montraient indolents ou paresseux, alors leur antipathie et leur mépris se convertirent progressivement en une véritable et respectueuse amitié. A la fin je devins pour presque tous un ami, un protecteur, et (chose remarquable!) un confident de leurs doutes relativement à ce qu'ils avaient longtemps appelé leur supériorité. Et, modestie à part, je crois n'avoir pas peu contribué à les convaincre, sans trop blesser leur amour-propre, des funestes effets de leur ignorance. Plusieurs voyageurs qui ont visité l'Orient, M. de Lamartine entr'autres, ont pu juger par leurs yeux de l'attachement profond que j'avais fini par inspirer aux jeunes itch-oglans,

Ainsi que je l'ai dit plus haut, j'avais eu, en peu de temps et avec des éléments très-insuffisants, des résultats d'une nature fort encourageante auprès de Kosrew-Pacha. Mais j'allais voir bientôt ma sphère d'action s'agrandir au point de me faire douter de ma capacité. Heureusement pour moi j'avais reçu les leçons du malheur, je possédais une santé de fer et une invincible opiniâtreté. J'étais de plus excité par l'ardent désir de payer en efforts d'amour-propre et de bonne volonté une hospitalité généreuse, une confiance accordée à un enfant du peuple sur la seule foi en son honnêteté et en son expérience militaire.

Vers la fin de juillet 1827, le Sultan envoya deux

jeunes officiers de la garde à cheval prendre une leçon d'équitation à mon manège; ce fut Halil-Bey qui me les présenta; plus tard ces deux jeunes Musulmans occupèrent des rôles importants. Le premier, Fewzi-Achmet-Aga, d'abord simple batelier du sultan, a parcouru toute la hiérarchie militaire, et est devenu par la faveur de Mahmoud, muschir de la Garde (général en chef) puis capitan-pacha (grand amiral) en 1839. A cette époque, il acquit une célébrité bien malheureuse en désertant la cause de son bienfaiteur et en livrant la flotte placée sous ses ordres à Méhémet-Ali, vice-roi d'Egypte.

Le second, Awny-Bey, issu d'une bonne famille, est devenu par la suite lieutenent-général, commandant la cavalerie de la garde.

Après la première leçon, dont ils furent vraisemblablement satisfaits, ces deux officiers retournèrent au sérail. Je dois supposer que leur rapport au grand seigneur me fut favorable, car ils revinrent le lendemain prendre une seconde leçon plus détaillée, après quoi ils me conduisirent auprès de Kosrew-Pacha et en ma présence, ils lui communiquèrent l'ordre officiel de Sa Hautesse de me conduire au sérail où j'aurais l'honneur d'être présenté au Sultan. Kosrew me dit alors: « Ta position va changer, sois prudent, et n'oublie pas ce que tu me dois. »

Je m'inclinai par politesse; mais je me promis bien, tout en suivant son conseil quant à la prudence, de ne jamais me faire l'instrument de ses intrigues. Le général Guilleminot m'en avait déjà fait sentir le danger; puis plein de confiance dans ma nouvelle étoile, je suivis mes deux introducteurs au palais d'été (*jaldish-kiosque*), magnifique résidence impériale située sur les hauteurs qui dominent la rive européenne du Bosphore.

Ce fut à ce kiosque à jamais mémorable pour moi que je vis pour la première fois le sultan Mahmoud. Je faillis bien, je l'avoue humblement, compromettre mon avenir, grâce à la roideur d'un caractère aigri par l'injustice et le malheur; mais Mahmoud sut lire dans mon âme, et je rends grâce au ciel de ce qu'à travers mon orgueil il ait su distinguer une loyauté de sentiments qui m'a singulièrement servi dans mes rapports avec cette race, alors si dédaigneuse à l'égard des infidèles.

Après avoir remis nos chevaux aux palefreniers de la cour, nous entrâmes, suivis de mon drogman, dans le salon d'attente où se trouvaient réunis plusieurs grands dignitaires et officiers du palais. J'y fus reçu avec distinction. Contrairement à l'étiquette de cette époque, on me fit asseoir sur le divan, on me servit la pipe, le café et ensuite une glace, tandis qu'Achmet et Awny restaient debout, les mains croisées sur la ceinture. Le Sultan s'exerçait alors en petit comité à son tir favori de l'arc dans le jardin. J'attendis environ trois quarts d'heure qu'il plût à Sa Hautesse de me recevoir. Durant cette longue attente, je m'aperçus que ma tenue militaire, mon maintien et surtout l'épreuve que j'avais déjà subie chez le séraskier avaient prévenu ces Messieurs en ma faveur, car par l'organe de mon drogman, ils me dirent de ces riens très-obligeants dont-on est toujours prodigue envers les gens auxquels sourit la fortune.

Tout-à-coup un tchokadar (valet de pied) entre dans le salon et annonce l'Effendi-Miz (notre Seigneur). Tout le monde se lève précipitamment, chacun prend une attitude humble, croise les mains sur sa ceinture et se courbe bien bas en présence du redoutable maître. Moi, au contraire, je me place militairement comme l'eût fait un grenadier de la garde devant Napoléon, et sans affectation je m'incline légèrement par trois fois; puis, à mesure que le Sultan s'approché, j'ose fixer mes regards sur lui sans éprouver ni crainte, ni embarras, pendant que tous ceux qui m'entourent ont l'œil fixé sur le parquet.

A cette époque, le sultan Mahmoud était un homme de quarante à quarante-deux ans, d'une taille élevée, d'une stature vigoureuse. Son œil noir avait un grand éclat, ét, quand il le voulait, une douceur charmante. Il portait encore le caouk et la belle tunique orientale. Ce n'est que plus tard que, sauf la coiffure, il a pris le costume européen.

D'un pas grave, Sa Hautesse m'approche à la distance de deux pas, me toisant dédaigneusement de la tête aux pieds sans proférer un seul mot, fait lentement demi-tour et sort du salon où je demeure un moment pétrifié. Soudain par un mouvement de dépit, je fais brusquement volte-face, et humilié d'un accueil en apparence si méprisant, je sors du salon par la porte opposée sans être retenu par aucune des personnes présentes qui suivaient le Sultan des yeux ; puis précédant mon drogman qui tremblait de frayeur, je me dirige vers les écuries.

Pendant que je faisais brider nos chevaux, un jeune officier arrive en courant et me demande pourquoi j'ai quitté le salon sans la permission de sa Hautesse. Je lui fais répondre : « Parce que le Sultan m'a traité « avec mépris. Je suis officier chrétien, partant libre « de ne pas le servir à des conditions humiliantes. »

En entendant cette réponse, l'officier s'écrie : Allah ! Allah ! et apprenant de mon drogman que je veux retourner chez le séraskier, il le conjure de me retenir jusqu'à son retour, puis il part comme un trait dans la direction du kiosque. Mon drogman étant *raya* c'est-à-dire sujet du Sultan, craignait avec raison pour sa tête.

En attendant le retour de l'officier, je me livrais aux réflexions qui bouillonnaient dans ma tête, quand cette fois Achmet-Aga vint en toute hâte vers moi et me conjura *par le prophète* de rentrer au kiosque avec lui. Il avait, dit-il, ordre de me ramener ; sa Hautesse n'avait nullement songé à m'humilier ; elle appréciait au contraire la susceptibilité d'un homme encore étranger à leurs usages. Alors je le suivis.

Voici maintenant ce qui s'était passé au palais lorsque le premier messager du Sultan lui rendit ma réponse sur la cause de ma sortie. Achmet-Aga m'en informa le soir même, pendant que nous fumions tranquillement la pipe chez lui après le dîner.

Mahmoud, après avoir écouté fort attentivement et sans manifester ni humeur ni impatience, le rapport du premier officier qui m'avait été envoyé, se retourna vers sa nombreuse suite et lui dit ces paroles remarquables : — « C'est bien ! voilà, messieurs, un officier « européen qui se croit blessé dans sa dignité par « l'accueil que je lui ai fait ; cela suppose une âme « sensible et fière et des sentiments élevés. C'est préci- « sement là l'homme à caractère que je cherche. Il me « convient ; qu'on le rappelle sur-le-champ et avec « douceur. »

Cette indulgence me fit rougir de mon incartade et me gagna le cœur plus que ne l'eussent fait les faveurs les plus précieuses.

Je l'ai déjà dit, le malheur, l'injustice, les persécutions en aigrissant mon caractère, m'avaient rendu orgueilleux et susceptible. J'exagérais sans doute à mes propres yeux le sentiment de ce que je pouvais valoir, et il m'eût été impossible de supporter une humiliation gratuite.

Rassuré par les protestations d'Achmet-Aga, et par les réflexions qui suivirent l'acte inconvenant (disons-le en toute humilité) que je venais de commettre, je retournai au palais. Je fus à l'instant même introduit dans la cour où se trouvait Mahmoud entouré de sa suite et ayant devant lui une double ligne d'environ deux cent-quatre-vingts itch-oglans (1).

Cette fois le Sultan me sourit gracieusement, en me faisant signe d'approcher, comme si rien ne se fût passé entre lui et moi. Sa Hautesse me fit dire que je ne retournerais plus à Eski-Sérail et qu'elle me gardait près d'elle. Puis, me montrant du doigt la belle jeunesse destinée à l'instruction militaire, Mahmoud m'ordonna de faire choix des plus aptes à l'arme de la cavalerie pour commencer mes leçons le lendemain. Il ajouta qu'il assisterait souvent à ces leçons, et il tint parole, comme on le verra par la suite. Les ordres furent donnés pour que je fusse logé au sérail, et Achmet-Aga fut chargé de leur exécution. Il me fit meubler près de Gulkané un petit pavillon dont je pris possession le lendemain avec mon drogman. On me donna en outre un cuisinier, des palefreniers et autres domestiques pour me servir d'après le faste oriental. Sa Hautesse

(1) Bien que la dénomination de *page* ne corresponde pas exactement à celle d'itch-oglan qui signifie : *jeune homme destiné aux affaires,* j'emploierai quelquefois ce mot pour désigner mes élèves du sérail.

me fit cadeau de trois beaux chevaux tout harnachés· Le tailleur du sérail reçut l'ordre de me fournir de somptueux habillements ; mes appointements furent triplés. Enfin, je fus traité comme l'hôte du grand seigneur.

Mahmoud me fit dire ensuite qu'il désirait que je prisse un nom Musulman, afin que mes élèves eussent moins de répugnance à m'obéir ; ce à quoi je consentis volontiers dans l'intérêt du service, n'ayant d'ailleurs aucun doute que ma croyance religieuse serait respectée. Sa Hautesse me donna elle-même le nom de Rustem-Aga (1), avec le titre d'instructeur en chef, *talimgi-baschi*, de la cavalerie de la garde. Dès lors je fus investi d'une autorité, pour ainsi dire négative, d'abord, à cause des préjugés existants, et ensuite très-étendue lorsque ces mêmes préjugés furent vaincus.

Sur les deux cent-quatre-vingts itch-oglans dont j'ai parlé plus haut, une vingtaine fut écartée comme impropre à l'arme de la cavalerie ; puis un terrein convenable m'ayant été désigné à Jaldisch-Kiosque j'y établis *un* et ensuite *deux* manéges découverts, vu la belle saison.

(1) *Aga* et *effendi* répondent à peu près à notre mot de *sieur*. Le premier se donne aux militaires, le second aux employés civils. — En décembre 1828, à l'occasion des fêtes du Baïram, je fus élevé à la dignité de *Bey* comme je le dirai en son temps.

CHAPITRE II.

Suite des difficultés de mes débuts. — Mustapha-Effendi. — Son caractère.

En employant les plus intelligents de mes élèves à titre d'aides, je parvins, après un travail de deux mois, que ni les grandes chaleurs, ni le jeune du Ramazan (1) n'interrompirent, à former deux escadrons de la force de cent-vingt chevaux chaque. Ceux-ci servirent plus tard de pépinière où je puisai les officiers, sous-officiers et brigadiers pour les cadres des autres escadrons que je formais au fur et à mesure que les recrues m'arri-

(1) En 1827, la lune de Ramazan tombait juste en août.

vaient, après avoir passé le temps nécessaire aux écoles du cavalier et du peloton. Tous les pages passaient, à tour de rôle, au moins trois heures par jour au manège et étaient exempts de tout autre service au palais. Il fallait de prompts résultats au Sultan : il voulait avoir, au plus tôt possible, à sa disposition un régiment de six escadrons qu'il était impatient de commander lui-même. Or, une longue expérience m'ayant appris que le travail en couverte prescrit par l'ordonnance de la cavalerie française que nous avions adoptée était superflu, qu'on y perdait du temps puisque le cavalier en selle devait avoir une assiette toute différente, je le supprimai avec le consentement du Sultan et je débutai par les premières leçons en selle et en bridon.

J'informai de cette suppression le général Guilleminot qui envoya son aide-de-camp et un officier d'état-major, qui était alors à l'ambassade, voir mon manège afin de juger par eux-mêmes de l'utilité de cette suppression et d'en tenir note. Ces deux messieurs s'étant rendus à l'évidence, firent sur ma méthode un rapport favorable qui fut envoyé à Paris. Il en résulta qu'une commission composée de généraux et de colonels de cavalerie ayant, par ordre du ministre de la guerre, revu et corrigé l'ancienne ordonnance, une nouvelle parut en 1830 et fut mise en vigueur dans tous les régiments de la cavalerie française. Alors le général Guilleminot m'en donna un exemplaire et avec l'autorisation du Sultan, je l'adoptai dans son intégrité. Un interprète fut mis à ma disposition pour la traduire. Je vis alors avec un véritable plaisir une réforme dont, sans vanité, j'avais pris l'initiative, appliquée à la cavalerie de la première nation militaire de l'Europe.

C'était à la fin de juillet 1827, que j'avais débuté dans l'instruction des itch-oglans. Si dans les régiments de cavalerie européenne, avec de bons cadres d'officiers et de sous-officiers, on a suffisamment de besogne à instruire les recrues, là où ne manquent ni les manèges couverts, ni beaucoup d'autres éléments indispensables à l'instruction et à l'équitation ; on peut se figurer ce que j'eus à faire moi, seul, privé de tout aide initié au métier, avec des hommes et des chevaux nouveaux ayant, ceux-là contracté des habitudes vicieuses, ceux-ci étant presqu'impossibles à dresser faute de temps et de moyens. Ajoutez que privé de manèges couverts j'étais, dans le mauvais temps, forcé d'interrompre mes leçons ; que je ne connaissais pas la langue de mes élèves ; que je dus trouver d'abord une grande répulsion chez des jeunes gens façonnés aux molles habitudes du sérail et qui passaient brusquement d'une oisiveté complète à un travail de tous les jours à l'ardeur du soleil. Le lecteur, je le répète, peut se figurer ce qu'il m'a fallu de travail et de patience pour arriver à un résultat même imparfait. Eh bien! cette patience je l'ai imposée à mon bouillant naturel, et grâce à une santé qui faisait l'admiration de mes élèves (eux tombaient souvent malades), j'ai pu en me tenant en selle une grande partie de la journée, sous une chaleur de vingt-cinq à vingt-six degrés, changeant de cheval trois à quatre fois par jour, et avec les faibles éléments que je viens d'énumérer ; j'ai pu au bout de cette même année 1827, mettre en ligne un régiment complet à six escadrons, d'après la formation française, et manœuvrant passablement bien.

A la fin de 1828, j'avais formé une division de vingt-quatre escadrons que Mahmoud faisait très-souvent évoluer lui-même sous ma direction, et parfois en présence du corps diplomatique qui était invité à juger des progrès de l'armée.

Dans ces revues je devais, il est facile de le comprendre, me multiplier, moi qui avais pour officiers généraux supérieurs et subalternes et pour adjudants-majors notamment, des sujets sans expérience qu'il fallait surveiller constamment. Il est vrai que la constante présence de Mahmoud aux manèges et sur les champs de manœuvre encourageait tout le monde. Sa volonté inexorable donnait l'impulsion à la masse et faisait agir même les indolents. En revanche, la présence du Sultan me créait quelquefois une difficulté réelle pour le succès des manœuvres. Et voici comment. Sa Hautesse mettait tantôt du retard et tantôt de la précipitation dans les commandements généraux. Le lecteur doit comprendre quels ménagements je devais employer pour lui faire sentir, sans l'offenser, les inconvénients attachés à ce défaut de précision, surtout lorsque nous avions pour spectateurs des diplomates qui presque tous appartenaient à l'armée.

Un jour, pour citer un exemple, nous manœuvrions sur la place d'armes de Ramid-Tchiff-Telick ; c'était au printemps de 1830. La division marchait en colonne serrée, la droite en tête. Mahmoud me dit : Rustem-Bey, faisons un *en avant en bataille au galop.* — Oui, Seigneur, lui dis-je, *sur le premier escadron du premier régiment de la deuxième brigade.* — La colonne continuait sa marche et le Sultan qui causait avec ses aides de camp, négligea de faire son commandement à temps. Quand il voulut le faire, je lui fis observer très-respectueusement que nous avions perdu du terrein et qu'en exécutant alors la manœuvre nous enverrions les deux premiers escadrons de la droite donner de la tête contre le mur de la caserne. Pour la première fois, depuis que je le dirigeais, Mahmoud s'impatienta. Il ne tint compte de mon observation et fit le commandement. Mais bientôt voyant le résultat que j'avais prévu se réaliser, le prince avec la douceur et la bonté qui le caractérisaient me dit : « Tu avais raison, cette leçon « fera que désormais je serai plus attentif. » — Seigneur, lui dis-je, il faut maintenant que nous profitions de la leçon en réparant la faute. Il faut faire replier tous les escadrons en colonne serrée sur le premier escadron du premier régiment de la seconde brigade; puis par un demi-tour à gauche par peloton, faire rétrograder la colonne, et lorsque nous aurons regagné le terrein nécessaire, nous ferons face en tête par un second demi-tour à gauche, et nous marcherons sur le point marqué précédemment. Faites votre commandement, Seigneur, et vous verrez que nous aurons tous les escadrons en ligne.

Sa Hautesse y consentant, le mouvement se fit de la manière indiquée; puis la colonne arrivée sur le point voulu, je dis au Sultan : Seigneur (1), faites votre commandement. Mahmoud le fit à l'instant, l'évolution s'exécuta au galop, et comme je l'avais prédit, l'escadron de droite une fois en bataille, eut un intervalle de cinquante pas au moins entre lui et la caserne. Alors le Sultan dit à ses aides-de-camp : « *Aïla agémi is* » ce qui peut se traduire par « Nous sommes encore des écoliers. » — A cette occasion l'excellent prince me fit cadeau d'un beau cheval arabe.

Je ne dois pas oublier de dire que pendant plus d'une année, Mahmoud apprit de moi l'intonation des commandements. Sa voix était forte et sonore. Il reçut aussi, durant le même espace de temps, mes leçons

---

(1) En parlant au Sultan on lui donne le titre d'*Effendi*, Seigneur. — En lui écrivant on dit *Chewket*, Majesté.

d'équitation dans un petit manège construit exclusivement pour lui dans une cour du Sérail de Top-Capou.
Le prince s'était à la longue si bien initié dans les principes de ce noble exercice d'après notre méthode, qu'il
avait fini par monter avec grâce et solidité la selle
française et même la selle anglaise.

L'étiquette du sérail, ce tyran de toutes les cours,
ne me permettait pas de toucher Sa Hautesse pour
corriger au besoin soit l'assiette du corps, soit la position de la main et des jambes ou autres irrégularités
qui se produisaient pendant les leçons. Pour remédier
à cet inconvénient, je lui insinuai respectueusement
qu'il ferait bien de faire monter avec lui ses deux premiers chambellans, Mustapha et Sakir-Agas, sur lesquels,
le cas échéant, j'aurais pu opérer les rectifications
nécessaires. De cette manière le prince en eut profité lui
même.

En faisant à Mahmoud cette insinuation, j'avais une
arrière-pensée. L'étiquette ne me permettant pas à cette
époque, de monter à cheval dans l'intérieur du sérail,
c'était une demande indirecte que je faisais d'être affran-
chi de cette prohibition désagréable. Le Sultan me
comprit-il ? je l'ignore, mais quelques jours après, il
me dégagea des liens de l'étiquette (1) et voici comment

(1) Comme chrétien, je ne pouvais ni toucher le Sultan, ni me présenter
devant lui avec une arme, ni lui rendre un service personnel. Les Ambassadeurs eux-mêmes, étaient à cette époque sous le coup des mêmes res-
trictions.

il s'y prit : un jour que nous étions à cheval sur le
terrein de manœuvre, Mahmoud volontairement ou par
mégarde, laissa tomber sa cravache ; je m'empresse de
mettre pied à terre pour la relever J'allais la remettre
au Sultan, oubliant à ce moment la puérile étiquette,
lorsque Mustapha-Effendi par un geste non équivoque
d'indignation m'arrête dans mon mouvement, s'empare
de la cravache et la présente assez gauchement à son
maître.

Mahmoud fut visiblement ému de l'humiliation que
je venais de subir ; son œil bienveillant et doux me le
fit comprendre. Quelques minutes après, il m'appelle
auprès de sa personne, jette sa cravache à terre et me
fait signe de la lui remettre Je saute à bas de mon
cheval, relève la cravache et la lui présente en m'inclinant avant et après l'avoir remise entre ses mains. Pour
me remercier, le prince m'offre sa main gantée sur
laquelle j'imprime mes lèvres en la soutenant du bout
des doigts Mahmoud alors se tourne vers Mus‘apha-
Effendi resté derrière lui, et lui dit : « Mustapha, voilà
« comme en Europe on présente une cravache à son
« souverain. »

A partir de ce moment, Rustem-Aga fut proclamé
*digne de servir le grand Padischa, Empereur des
Ottomans.* Telle furent les expressions des courtisans
présents à cette petite scène. Maintenant il convient de
dire au lecteur ce qu'était auprès de Mahmoud, Mus-

tapha-Effendi dont je viens de parler. Mustapha, jeune
Musulman de bonne famille, occupait auprès du Sultan
la dignité de *Serkiatip*, ce qui répondrait chez nous
aux fonctions de *secrétaire intime*. Au sérail, cette
fonction équivalait à celle de premier chambellan.
Comme Mustapha ne quittait jamais le Sultan, j'aurai
souvent à parler de lui dans le cours de ces mémoires. Il n'était pas méchant mais un peu tracassier
et jaloux des bontés dont Mahmoud m'honorait. Nous
faisions, par exemple, pendant l'hiver de fréquentes
parties de chasse avec Sa Hautesse. Nous montions
tous d'exéllents chevaux arabes et chacun de nous
tenait un lévrier en laisse quand il s'agissait de courir
le lièvre. Souvent, au lever de l'animal, c'était à moi
que Mahmoud permettait de lancer le premier mon
lévrier et de le suivre. En ce cas, Mustapha cherchait
l'occasion et la trouvait, tôt ou tard, de se venger de
cette legère faveur par quelque taquinerie.

Un jour nous nous rendîmes à *Ponte-Grande* pour y
chasser aux canards qui abondent sur le lac. Nous mîmes
pied à terre sur la rive. M'étant un peu éloigné de la suite
j'en tuai deux que les chiens m'apportèrent. Je les enve-
loppai dans mon mouchoir et les mis dans le capuchon
de ma capote, puis je rejoiguis le Sultan. Sa Hautesse
qui avait entendu deux coups de fusil, désirait savoir
qui les avait tirés. En me voyant venir elle me dit : As-
tu tué, Rustem-Aga ? — Oui Seigneur, j'ai tué deux

canards. — Où sont-ils ? — Je les tire de mon capuchon et les lui montre. — Ce sont deux madgiars et
superbes ; bravo ! et il ordonne à Mustapha-Effendi de
m'en donner le prix. — Seigneur, dit celui ci, je ne lui
donnerai rien. — Et pourquoi ? — Parcequ'il est probable qu'un autre les a tués. — Et Mahmoud d'en rire
comme un bienheureux.

D'après l'usage du sérail, chaque pièce avait un prix
déterminé. Le chasseur, quelqu'il fût, devait présenter
sa chasse au Sultan qui la faisait payer aussitôt d'après
le tarif établi. La chasse finie, on chargeait le tout sur
une voiture. Arrivé à Constantinople, le Sultan distri-
buait une partie de la chasse aux pachas et grands
dignitaires. L'autre partie se consommait au sérail.

Le lac de Ponte-Grande est, en hiver, fréquenté par
une grande quantité de cygnes sauvages dont Mahmoud
aimait passionnément la chasse. Une après-midi, plusieurs pêcheurs furent envoyés avec des bateaux à
l'extrémité du lac pour refouler ces oiseaux vers le
pont sur lequel le Sultan était posté avec nous. Après
une demi-heure d'attente, une volée de cygnes passe
sur nos têtes. Mahmoud, bon tireur, lâche ses deux
coups et il en tombe trois à l'eau. — Ce n'est pas assez,
dit-il, et en attendant qu'on lui donne un autre fusil
chargé, il me dit : à ton tour, Rustem-Aga. Mon coup
part et un cygne tombe. — Ton fusil a crevé, s'écria
Mahmoud. J'examine mon arme à percussion. La che-

minée, probablement mal vissée était partie en effet et
avait rasé la figure du prince. — Ce n'est rien, dit-il,
qu'on lui donne un autre fusil. Une seconde volée de
cygnes passe et après les deux coups du Sultan, nous
tirâmes tous à la fois. Il tomba dix à douze oiseaux
que les bateliers recueillirent comme les premiers.
J'étais visiblement peiné de l'accident. Mahmoud s'en
aperçut et me dit : « Ne sois pas en peine, il n'y a
« pas de mal. Dailleurs tu ne pourrais accuser que ton
« fusil. »

Après la chasse, nous remontâmes à cheval et allâmes coucher à Sylivric pour nous rendre le lendemain
en chassant, à Rhodosto. Quand l'heure du départ fut
arrivée, le lendemain, je sortis de mon logement qui
faisait l'angle d'une rue. Mon drogman avec mes chevaux
se présente au moment même où le Sultan à cheval
dépassait l'angle en question. — Ah ! paresseux, dit-il en
me voyant à pied, tu es en retard. Monte à cheval.
J'avais, par inadvertance, mis ma capote par dessus mes
épaules sans avoir passé les manches. — Comment !
Rustem-Aga, me dit Mustapha en colère, vous osez
vous présenter ainsi devant Sa Hautesse ? Mahmoud
arrête aussitôt son cheval et dit à Mustapha : Avant de
le gronder d'une inconvenance qu'il ne comprend
peut-être pas, tu aurais été plus juste en la lui faisant
remarquer.

Je cite ces petites taquineries de Mustapha-Effendi

parcequ'elles servent à démontrer combien Mahmoud était foncièrement bon et juste envers moi. Et il l'était de même avec tous ceux qui avaient l'honneur de l'approcher.

En sortant de Sylivrie nous nous jetâmes à gauche de la grande route d'Andrinople pour chasser le lièvre. Nous en levâmes plusieurs que nos chiens prirent. Bientôt une immense plaine s'offre à nous. Le Sultan, quand nous y sommes engagés, fait appeler le Silictar-Aga (1) et lui dit quelques mots à voix basse et en souriant. Nous suivions tous, à la distance de quelques pas. Le Silictar-Aga après avoir pris les ordres du Sultan, s'arrête. Quand nous sommes arrivés à sa hauteur, il nous dit : Messieurs, arrêtez-vous. Mahmoud qui marchait toujours m'appelle : « Rustem-Aga, approche » je pars à l'instant et le rejoins. Alors le dialogue suivant s'établit entre nous :

— Voilà une belle plaine, Rustem-Aga, combien pourrait-on y faire manœuvrer de troupes ?

— Au moins cent mille hommes de toutes armes, seigneur.

— En nous en occupant sérieusement, l'effectif de mes réguliers nous permettra, s'il plaît à Dieu, de les réunir ici pour exécuter les grandes évolutions.

(1) Le porte-épée, première dignité du sérail, supprimée depuis la mort du dernier titulaire.

— Je me permettrai de faire observer à Votre Hautesse, Seigneur, que la plaine de Santo-Stephano offre un terrain plus accidenté et par conséquent plus propre au jeu de l'artillerie que celui-ci qui est tout uni. Il a en outre l'avantage d'être plus rapproché de la capitale.

— Tu as, ma foi, raison. — Dis-moi, le général Guilleminot, pendant les guerres de l'Empire, a-t-il quelquefois commandé cent mille hommes ?

— Sous l'Empereur, je ne le crois pas, Seigneur ; mais sous la Restauration, pendant la campagne de 1823 en Espagne, cela est probable. Le duc d'Angoulême qui commandait l'expédition avait un effectif d'au moins cent mille hommes sous ses ordres, et comme le prince n'avait jamais fait la guerre, il laissait nécessairement la direction des opérations militaires à son major-général, qui n'était autre que le général Guilleminot.

— Ah ! vraiment ! je savais bien que Guilleminot avait une belle réputation militaire, mais j'ignorais cette partie de son histoire.— Puis, passant à un autre sujet : Ton petit bosniaque tient toujours bon, me dit Mahmoud. Ce petit animal qui te sert depuis deux ans est donc infatigable ? voyons, s'il suivra le mien. Sur ce, il part au galop. Le cheval de Mahmoud, arabe pur sang, hennissait d'ardeur et de temps en temps tournait en galopant son œil dédaigneux et flamboyant sur le mien qni le suivait à deux pas sur sa gauche. Moi, par convenance, je retenais mon bosniaque, certain qu'il eût dépassé son rival. Le Sultan l'ayant remarqué me dit : — « Goï-wer » — (lâche-lui les rênes).

Oh ! pour lors je piquai des deux et en peu d'instants je dépassai l'arabe qui dans son orgueil blessé hennissait de rage. Et Mahmoud de s'écrier : « Afférim bosniaque » (bravo ! bosniaque !) Le grand seigneur ayant alors pris le pas, je m'arrêtai et m'approchai de sa personne. Nous avions parcouru au galop l'espace d'un kilomètre environ et la suite était encore à une assez grande distance. Le Sultan, après m'avoir complimenté de nouveau sur la vitesse de mon cheval, cria de sa voix de stentor : « Arrivez donc ! » Quand on nous eût rejoints, le Sultan dit au Silictar : Je te l'avais bien dit, Ali-Aga, le boniasque de Rustem-Aga a dépassé mon arabe. — C'est que le vôtre, Seigneur, lui dis-je, est traité comme le cheval d'un grand prince, et le mien est rompu sans ménagement à tous les exercices et à toutes les fatigues.

Puisque je viens de citer le nom du Silictar, qu'il me soit permis de consigner ici une petite anecdote qui nous concerne l'un et l'autre : Lorsque je commençais mes leçons d'équitation à Jaldish-Kiosque, le Silictar vint un jour au manège et il assista à toute une reprise. Quand j'eus fait mettre pied à terre, il m'accosta et après m'avoir fait compliment sur la bouvelle méthode, il prit dans ses poches une poignée de pièces d'or et me dit : « *Bakchische all ousté* » (maître prends cela pour boire). Je lui fis un signe négatif en m'inclinant légèrement, et je lui fis répondre par mon drogman qui était présent que je le priais d'excuser mon refus ; mais que Sa Hautesse m'allouait de bons appointements, et que d'ailleurs un officier européen se déshonorerait en acceptant de l'argent d'une autre main que de celle du souverain qu'il avait l'honneur de servir. — En entendant cette explication, le Silictar enfonça sa main dans la poche d'Antoine et lui dit : « Tu n'es pas aussi fier que ton maître, je pense ; prends cela, toi. »

Il est vrai de dire que cette délicatesse de sentiments n'existe pas chez les Musulmans. Le supérieur donne de l'argent à son inférieur et celui-ci le reçoit sans le moindre scrupule. Chaque peuple a ses mœurs et ses usages. Cependant je dois croire que mon refus, loin de blesser le Silictar, lui donna de l'estime pour mon caractère.

Par la suite, ce grand dignitaire m'honora fréquemment de sa visite ; il venait souvent chez moi prendre le café servi à l'européenne, et j'ai remarqué plusieurs fois qu'en s'en allant il affectait, après m'avoir pincé l'oreille, de distribuer de l'or aux domestiques. Je dois croire aussi que Mahmoud fut instruit de l'anecdote par le Silictar lui-même ; car lorsque celui-ci mourut, cé bon prince me dit qu'il regrettait ce vieux serviteur, et il me fit raconter toute l'histoire du manège et approuva mon refus.

Nous arrivâmes le soir à Rhodosto où nous séjournâmes quarante-huit heures. Nous y quittâmes nos chevaux et tout l'équipage de chasse pour retourner à Constantinople sur le bateau à vapeur que le Sultan y avait fait venir et qui était commandé par un officier anglais, M. Kelly. Un grain nous surprit dans la mer de Marmara dans l'après-midi. Le cable du grand caïk de service alors à la remorque, s'étant brisé sous un violent coup de mer, tous les effets qu'il contenait furent emportés par la vague. Les huit rameurs, robustes Musulmans, ne perdirent pas courage. Tous parvinrent à se sauver avec le caïk, et ils abordèrent dans le port de Sylivrie, bien qu'il fût encore à une assez grande distance. Pendant tout le temps que dura la tempête, Mahmoud, enveloppé dans sa capote, ne voulut pas un instant quitter le pont, au risque d'être enlevé par les vagues qui l'envahissaient. J'étais auprès de lui, appuyé sur l'escalier conduisant aux salles intérieures, et je me permis de lui dire : — Seigneur, vous seriez mieux dans le salon. Ici vous êtes mouillé et fatigué. — Non, non ! Rustem-Aga, je ne crains rien : mais je me plais à observer le capitaine Kelly qui m'inspire confiance. Et puis, Dieu est miséricordieux ! (*Allah Kerim !*)

En effet, M. Kelly dirigea fort habilement son navire dans la passe du petit port toute hérissée de récifs à fleur d'eau, et réussit à nous y introduire sans autre avarie qu'une roue légèrement endommagée. Avant de débarquer, le Sultan me chargea d'exprimer au capitaine sa haute satisfaction, et le lendemain; aussitôt arrivé au sérail, il lui envoya en cadeau une superbe tabatière.

De retour à Constantinople, nous reprîmes le travail d'instruction, autant que la saison le permettait. Mahmoud, bien qu'il presidât fréquemment les conseils de ses ministres à cette époque où la diplomatie européenne se montrait si exigeante dans la question Grecque, Mahmoud, dis-je, continuait à nous encourager de sa présence. Tantôt le matin, tantôt l'après-midi, quand il avait quelques moments de libres, il les consacrait à l'instruction de sa cavalerie. Et cette vie active lui était fort salutaire.

Le lecteur observera que cette partie de mes mémoires, où je ne suis point guidé par des dates précises comme celles des mémorables batailles où j'ai assisté sous Napoléon, peut offrir quelque confusion. Je rappelle les faits qui peuvent offrir un certain intérêt, à mesure qu'ils se présentent à mes souvenirs. En voici quelques uns, par exemple, qui peignent sous son vrai jour le caractère réformateur de Mahmoud et l'absence de préjugés de ce prince si supérieur à son entourage.

Il était d'usage qu'à l'époque du départ des pélerins pour la Mecque (décembre ou janvier de chaque année), le Sultan assistât en grande pompe à la cérémonie religieuse où le cheik-islam (chef de la religion) bénissait les riches cadeaux envoyés · par le prince aux lieux saints. A cet effet, on dressait dans un kiosque de la deuxième cour du vieux sérail, une espèce de trône où s'asseyait le padischa entouré des principaux Imans et des grands dignitaires de la cour et de l'Empire. Mahmoud, m'ayant ordonné de fournir un escadron des itch-oglans pour cette cérémonie et d'en prendre le commandement, je plaçai ma troupe à pied formant la haie, la droite appuyée à la grille d'entrée du kiosque où je me tins pour être à portée des ordres que je pouvais recevoir. A mesure que les invités entraient, les deux trompettes ouvraient un ban; mais plusieurs des arrivants, dont l'attention était attirée de mon côté par ce bruit, me reconnaissant pour un chrétien, me jetaient en passant un regard de mépris. Mahmoud, assis en face, l'ayant remarqué, me fit signe de la main d'aller à lui. J'obéis, mais arrivé à quatre pas de Sa Hautesse, je m'incline et j'attends ses ordres. — Place-toi là, me dit-il, en m'indiquant une place à sa gauche et jetant un regard impérieux sur l'assemblée.

Comme on le pense bien, l'honneur que me faisait Mahmoud était, pour cette époque, une espèce de coup-d'état. Tout en appréciant ce témoignage de haute estime, je sentais combien il devait blesser d'orgueils et de préjugés, et j'eusse bien voulu en être dispensé. Cependant, sans me poser ni en triomphateur ni en victime, je gardai mon calme et m'efforçai de paraître indifférent à tant d'honneur.

Mes jeunes itch-oglans, au contraire, qui dans un contact journalier de plusieurs mois, avaient pu apprendre à m'aimer et à m'estimer, étaient ravis du témoignage d'estime donné à leur maître et ils me souriaient de plaisir.

La cérémonie terminée, Mahmoud se leva. Je me portai alors à la droite de l'escadron. En passant près de moi, il me dit : — « *Kork-ma* » (n'aie pas peur).

A l'époque du Mouharem (nouvel an, d'après l'hégire), je fus, en présence de toute la cour, appelé à l'honneur de baiser la pantoufle du grand seigneur, honneur recherché de tous les Musulmans et auquel un chrétien non sujet Turc n'avait jamais été admis avant moi. Le Sultan était assis sur son trône et il fallait nécessairement se prosterner pour saisir la chaussure impériale. Le bon Mahmoud qui (toute flatteuse que fût la faveur accordée), pouvait penser qu'un ancien officier européen n'y voyait pas le même honneur qu'un Turc, se baissa pour me relever de ses deux mains en me disant avec la douceur la plus séduisante : *Afférim! Afférim! Rustem-Aga* (Bravo ! Bravo! Rustem-Aga.)

C'est le cas de faire remarquer que Mahmoud, comme tous les Musulmans, n'adressait jamais la parole aux personnes de la cour sans décliner leur noms et leurs titres. Le même usage s'observe jusque dans la famille, entre frères et autres parents. C'est une règle de politesse dont on ne s'affranchit jamais chez ce bon peuple qui met la politesse au nombre de ses premiers devoirs.

Le mois de mars et ses beaux jours revenus, Mahmoud voulut avoir le spectacle d'une grande revue des troupes de la garnison dans la plaine de Santo-Stephano où il avait un kiosque sur le bord de la mer de Marmara. Pendant que les troupes des trois armes se rendaient sur le terrein, je fus mandé au kiosque afin de concerter un programme de manœuvres à faire exécuter. Mustapha-Effendi, je l'ai déjà dit, était l'ombre de Mahmoud; il le suivait partout et ne s'en séparait que le soir à l'entrée du harem, appartement des femmes, ou le Kisler-Aga (chef des eunuques) le remplaçait. Quand le Sultan était dans son cabinet, Mustapha se tenait dans une pièce contiguë afin d'être prêt au premier appel. C'était toujours à lui que je devais d'abord aller avant de parvenir au Sultan. Cette fois j'étais assis à côté de lui sur un divan; mon drogman Antoine était debout devant nous (il ne lui était pas permis de s'asseoir) et il traduisait notre conversation qui roulait sur les choses du jour. Tout-à-coup Mahmoud, de sa voix de stentor, appelle Mustapha. Celui-ci se lève précipitamment et me dit : « Donnez-moi mes pantoufles, Rustem-Aga. » — Je lui répondis : Antoine va vous les donner. — Effectivement il les lui remit et Mustapha sortit rouge de colère. A cette époque, l'usage des bottes était interdit dans les appartements. On les quittait à la porte et on chaussait des babouches. L'usage veut que l'inférieur, le cas échéant, tire les bottes de son supérieur. Ainsi le caporal au sergent, le sergent au sous-lieutenant et ainsi progressivement sans que personne y mette la moindre répugnance. Mustapha, dont l'émotion fut aperçue du Sultan, l'instruisit maladroitement de l'anecdote et Mahmoud en rit de bon cœur. Il me fit venir aussitôt et au moment où j'entrais dans le cabinet de Sa Hautesse j'entendis Mustapha prononcer le nom d'orgueilleux (*Kibirli*) — « Seigneur Mustapha, répondis-je après avoir respectueusement salué le Sultan, vous pouvez toujours compter sur mon zèle, ma fidélité, mon dévoûment et ma loyauté, tant qu'il s'agira de mes devoirs comme officier instructeur, mais n'exigez de moi aucun acte servile, vous ne l'obtiendrez jamais. » Mahmoud m'approuva et tout fut dit.

Cette espèce de roideur dont je ne me suis jamais départi a fini par commander le respect et l'estime des Musulmans de tout rang et de toute condition. J'avais l'appui de Mahmoud et l'approbation du général Guilleminot, cela me suffisait. Mon nom sera toujours respecté et ma mémoire toujours chère à mes innombrables élèves. J'en ai eu et j'en ai encore mille preuves.

CHAPITRE III.

Les Musulmans, en général, mettent en toutes choses, de la gravité et de la dignité. La bassesse de caractère leur est anthipatique et ils honorent naturellement la vertu contraire. En voici une preuve entre cent que je pourrais citer. Un jour, Kosrew-Pacha me fit appeler à Esky-Sérail. Depuis déjà deux ans, j'étais auprès de Mahmoud et je crus être appelé pour affaires de service. Le vieux séraskier après m'avoir à l'ordi-

naire, bien cajolé, me dit: « Rustem-Bey, je suis
« chargé de la part du Sultan de vous faire une pro-
« position importante à l'acceptation de laquelle sont
« attachés le brevet de général en chef de toute la
« cavalerie Ottomane, pouvoir, honneurs, richesse.
« Il s'agit enfin d'une brillante fortune, abjurez votre
« religion pour la nôtre, embrassez l'islamisme. »

Je lui répondis, en maîtrisant ma juste indignation :
« Votre Excellence a donc cessé de m'estimer pour me
« faire une pareille proposition ? — Non, Rustem-Bey,
« non; au contraire, votre refus m'oblige à vous esti-
« mer d'avantage. J'ai fait mon devoir, comme
« Musulman dabord, en cherchant à vous convertir à
« la vraie croyance ; ensuite comme séraskier, j'aurais
« été heureux de doter notre cavalerie d'un chef aussi
« instruit et aussi distingué que vous l'êtes. Et vous
« avez fait le vôtre en homme d'honneur, je dois
« en convenir, en n'acceptant pas mes propositions. »

Je le quittai persuadé qu'il avait faussement invoqué
le nom de Sa Hautesse. A mon retour au sérail, je
rendis compte à Mahmoud et des motifs de mon absence
et de la proposition qui m'avait été faite en son nom,
par Kosrew-Pacha.

L'as-tu cru ? me dit le Sultan avec une vive émotion ?
As-tu cru qu'il te parlait de ma part ? — Non, seigneur,
répondis-je avec assurance. — Ne t'éloigne pas,
ajouta-t-il, et il mande aussitôt le séraskier. Dès qu'il

parut, Mahmoud le tança vivement en ma présence, ce qui me valut par la suite bien des rancunes de la part du vieux Kosrew.

Pendant la lune de Ramazan, les Musulmans observent, on le sait, et affectent d'observer un jeune rigoureux. Depuis le lever jusqu'au coucher du soleil, ils s'abstiennent de toute espèce d'aliments liquides ou solides. Ils ne doivent pas boire une goutte d'eau ou de café; leur abstinence s'étend jusqu'au tabac qu'ils ne prisent ni ne fument. A la vérité, ils se dédommagent largement durant la nuit de ces privations diurnes. C'est une sorte de renversement des lois naturelles. Une partie du jour est consacrée au sommeil; dans l'après-midi, on se promène gravement et la nuit on se livre à toute sorte d'excès.

Un des jours du Ramazan, je me trouvais dans le salon d'attente du sérail avec tous les officiers de service, lorsque Mahmoud sortit de son cabinet pour se rendre à la mosquée. C'était un vendredi. Il vient droit à moi et me dit: « Jeunes-tu, Rustem-Bey? » Non, seigneur, répondis-je en souriant. — Il le faut, reprit-il d'un air sérieux qui me fit impression. Je lui répondis en faisant le *thémené* (1): Vous serez obéi, seigneur (Firman-Effendi). A ces mots, Mahmoud me regarde avec inquiétude et reprend : — « Latifé, Rustem-Bey, latifé. » —

(1) Le *thémené* est une sorte de salut dans lequel on porte la main droite à la bouche, puis au front avec inclinaison du haut du corps.

(C'est une plaisanterie, Rustem-Bey, c'est une plaisanterie.) Et il me répéta cela plusieurs fois en se retirant.
Je le suivis jusqu'à la pierre où l'attendait son cheval.
Avant de monter, il en joignit à Achmet-Pacha qui était à
ses côtés de me dire qu'il avait entendu faire une simple plaisanterie, ce que le pacha fit à l'instant en m'en
demandant l'explication, car il ignorait à quoi Mahmoud
faisait allusion. J'insiste sur ce fait qui à quelques
lecteurs semblera sans doute de peu d'importance, mais
il m'intéresse en ce qu'il démontre que Mahmoud
devait avoir un certain degré d'estime pour son serviteur
chrétien, puisqu'il montrait tant de noble susceptibilité
à lui prouver qu'il respectait ses sentiments religieux.

Voici un autre exemple de la générosité des sentiments de ce prince à mon égard. Bien qu'il ait fini par
céder aux conseils de ces ministres par des considéra-
tions de dignité souveraine et de préjugés populaires,
je ne fus pas moins reconnaissant de la noblesse de son
premier mouvement.

Dans les premiers temps de mon service auprès de
Sa Hautesse, l'orgueil Musulman ne permettait pas à
un chrétien, quelqu'il fût, de se présenter armé devant
le grand seigneur. Les ambassadeurs et ministres des
puissances Européennes eux-mêmes n'étaient pas
dispensés de cette étiquette humiliante. Lorsqu'ils
étaient admis aux audiences du sérail pour y présenter
leurs lettres de créance ou de rappel, on les désarmait et

on couvrait leur uniforme d'une pelisse d'honneur dont le Sultan leur faisait cadeau. A l'insu de Mahmoud, on voulut m'imposer la défense humiliante du port du sabre. Et cependant, en ma qualité d'instructeur, je devais en apprendre le maniement à mes élèves. Or, comment enseigner le maniement d'une arme sans l'arme elle même ? Fallait-il employer une cravache ou un bâton ? c'eût été ridicule. Je m'opiniâtrai et je posai au colonel Achmet-Bey qui me communiqua un jour l'ordre de monter à cheval sans sabre. Ce dilemme : *point de sabre, point d'instructeur*. Il est bon de faire remarquer que les instructeurs d'infanterie de la garde et de la ligne étaient autorisés au port du sabre. Seulement ils n'avaient pas comme moi l'honneur d'approcher le Padischa.

Les escadrons partirent de la caserne et se formèrent en bataille devant le sérail pour y attendre le Sultan. Il se mit à leur tête et partit pour les Eaux-Douces d'Europe. Ne me voyant pas à sa suite il demanda où j'étais. Personne n'osait lui dire la cause de mon absence. Il ordonne à Achmet-Bey de venir me chercher et celui-ci lui répond que je refuse de monter à cheval. Se doutant que mon refus avait un motif grave, Mahmoud me dépêche un de ses officiers, Riza-Bey, qu'il savait être mon ami, pour m'ordonner d'aller le rejoindre aux Eaux-Douces. Je monte aussitôt à cheval et, suivi de mon drogman, je pars au galop. J'eus bientôt rejoint les escadrons. Le Sultan marchait

sur le flanc gauche de la colonne et faisait caracoler
son cheval en dehors du chemin. Entendant galoper
derrière lui, il s'arrête. Quand je fus près de lui, il me
demanda en souriant pourquoi j'avais refusé de venir
à la manœuvre. — Seigneur, répondis-je, parcequ'on
ne veut pas me permettre de porter mon sabre. Je crois
pourtant en avoir acquis le droit. — N'est-ce que cela ?
dit le bon Mahmoud, et en même temps il dégage le
cordon de son propre damas qu'il portait en sautoir
pour me le donner. — Emu jusqu'aux larmes, je fais
dire à Sa Hautesse par mon drogman que je ne me
permettrai jamais de la désarmer, et que je la respecte
trop pour en avoir jamais la pensée. Sur ce, Mahmoud
garda son arme et me dit : C'est bien, je te promets
que tu en auras un digne de toi et de moi ; ce que
toute sa suite groupée autour de lui dut fort bien entendre. Mustapha-Effendi qui jusqu'alors avait gardé
le silence, dit : — Cette fois, seigneur, j'exécuterai
volontiers vos ordres. Rustem-Aga est un brave et
honnête serviteur. — Et tous ensemble nous rejoi-
gnîmes la tête de la colonne par un temps de galop.

D'après ce que je viens de raconter, le lecteur doit
croire que la question du sabre était vidée et que
j'avais gain de cause Il n'en fut rien cependant,
comme on va le voir.

Ce jour-là, Mahmoud avait mandé tous ses ministres
aux Eaux-Douces. Pendant que nous manœuvrions, ils

se trouvèrent tous réunis au kiosque impérial et Mahmoud quitta la place d'armes pour présider le conseil. Il paraît qu'entr'autres questions on agita celle du port du sabre, et que le Sultan circonvenu par ses ministres et spécialement par le séraskier se crut obligé de céder. En effet, lorsque nous reprîmes le chemin du sérail, Mahmoud vint comme d'habitude, se placer à la tête de la troupe, mais je remarquai qu'il avait l'air contraint et qu'il évitait mon regard. Je compris qu'il souffrait d'avoir promis, dans un premier moment d'effusion, ce que ses ministres ne voulaient pas me concéder. Ce n'est pas tout. Mustapha-Effendi accosta mon drogman et le chargea de me dire de passer à la queue de la colonne, ajoutant *que ce serait là ma place à l'avenir.*

— Pour le coup, la mesure était comblée. Je dis à Antoine de me suivre, et je partis au galop par un sentier à droite du grand chemin conduisant à la caserne de Dolma-Batsché.

Le lendemain, je reçus l'ordre de me rendre auprès du séraskier. Il me reçut froidement et ne me fit pas les honneurs de la pipe. Je compris aussitôt qu'il y allait avoir une lutte et je me promis bien de triompher ou de me retirer d'un pareil service. Ma pensée se tournait alors vers la Perse.

Kosrew débuta par blâmer ma prétention au port du sabre, prétention à laquelle renonçaient les ambassadeurs, disait-il, lorsqu'ils avaient l'honneur d'être

reçus par Sa Hautesse. J'étais plus exigeant que ces
éminents personnages ; il ajouta que j'étais cependant
plus heureux que lui, en ce que j'avais l'honneur de
pouvoir, à chaque instant, parler au Sultan, tandis
que lui séraskier n'avait que rarement cette faveur.
De tout cela il concluait que j'avais tort, grand tort.

Je fis observer à Son Excellence que la position des
ambassadeurs dont je n'avais pas la prétention d'é-
galer la dignité, n'était pas identique à la mienne.
Pour eux, il s'agissait seulement d'une question d'étiquette, tandis que pour moi c'était une nécessité de
service. J'étais officier instructeur et je ne pouvais
accepter le ridicule de démontrer avec un bâton l'exercice du sabre à mes élèves. Je demandais donc, non
pas un sabre, mais l'autorisation d'en porter un ou de
me retirer du service. J'ajoutai que ma place, pour les
raisons que j'étais prêt à expliquer, s'il consentait à les
entendre, n'étant dans aucun cas à la queue de la
troupe, et encore moins de la colonne de route, je ne
marcherais plus avec la troupe.

Voyant que je n'étais pas disposé a la soumission,
Kosrew tenta de m'amener à transiger en m'offrant un
schall que je refusai nettement. — A la fin, dit-il rouge
de colère, vous commencez à m'impatienter. Votre
obstination n'a pas d'exemple. — C'est possible, répondis-je, parmi vos esclaves. — Le peu de succès de
ses arguments l'irritait visiblement. Cependant le rusé

vieillard, prenant un ton mielleux, après avoir inutile-
ment tenté de la force et de la corruption, essaya de
m'amener à ses fins en faisant appel à mes sentiments
de respectueux attachement envers le Sultan. « Vous
qui voulez, dit-il, nous persuader de votre devoû-
ment sans bornes à notre maître, n'êtes-vous donc
disposé à rien faire pour le prouver ? Vous serait-il
indifférent, par exemple, si le peuple Musulman, voyant
auprès du Sultan un chrétien armé, s'emportait à une
sédition dont vous seriez peut-être la première victime ?
Ne comprenez-vous pas combien son indignation serait
légitime de voir, au mépris de nos mœurs et de nos
lois, un infidèle braver les usages de notre glorieux
Empire ? »

Ce raisonnement que le séraskier avait tenu en réserve, m'ébranla. J'en compris toute la force et je fus
étonné de n'y avoir pas songé de moi-même. A cette
époque, le parti Janissaire levait la tête. Les succès de
l'armée Russe lui donnaient de la hardiesse tant à
Constantinople que dans les provinces, et il était bien
possible qu'une circonstance légère en elle-même le
portât à un éclat regrettable.

Je me crus en conscience obligé de faire taire la voix
de mon amour propre et de donner à Mahmoud cette
nouvelle preuve de mon respectueux attachement.
Kosrew expédia sur-le-champ un officier au sérail, pour
informer le Sultan de ma soumission. Le même jour,

je repris mon service, comme par le passé, je me montrai désarmé, mais je me promis à moi-même de saisir
la première occasion qui se présenterait de reconquérir
mon droit au port du sabre. Cette occasion se présenta
un an plus tard.

Mahmoud vint à la manœuvre le lendemain. Il fut
bon et aimable, et pas un mot ne fut dit des débats
qui avaient eu lieu entre le séraskier et moi. Cependant
je chargeai Antoine de déclarer, de ma part, à Mustapha-Effendi que ma place, dans tous les cas, était à la
tête de la colonne et non à la queue; que si l'on me
contestait cela, je me rendrais désormais isolément sur
le champ des manœuvres avant les escadrons, et à la
caserne après le travail. Mustapha-Effendi lui répondit :
« C'est très-bien, qu'il marche à la tête comme par le
passé. »

Pour en finir avec la question du sabre, je fais une
enjambée d'un an. Pendant l'hiver de 1828 à 1829,
S. M. l'empereur d'Autriche fit au sultan Mahmoud
la galanterie de lui envoyer deux uniformes complets
d'officiers de hussards hongrois, l'un du grade de colonel et l'autre de celui de capitaine, avec l'armement,
harnachement, équipement et accessoires de l'arme de
hussards.

Il y avait, à cette époque, à la légation autrichienne
un lieutenant de cette arme au service d'Autriche.
M. le comte Malaguzzi qui avait fait, en Orient, un

voyage d'agrément. M. le baron d'Ottenfels, internonce d'Autriche près la Porte, pria cet officier de se rendre en uniforme au sérail pour y présenter les cadeaux de son souverain au grand seigneur, campé à Ramid-Tchiff-Telik. J'étais auprès de Mahmoud lorsque cette présentation eut lieu.

Sa Hautesse, après avoir admiré l'élégance des uniformes étalés devant elle, m'indiqua celui de colonel et me dit: « Rustem-Aga, fais porter cet uniforme à ton logement, mets-le et reviens. Je désire te voir habillé en colonel de hussards. » — Puis adressant la parole à M. Malaguzzi: Savez-vous que Rustem-Aga est assimilé à ce grade?

Je fis aussitôt emporter tout l'attirail dans ma chambre; je m'habillai à la hâte et me présentai en parfaite tenue de hussard Hongrois. Le tout m'allait comme si on l'eût confectionné sur ma mesure; les bottes elles-mêmes me chaussaient à merveille. Le shako seul était trop large pour ma tête. En me voyant entrer, Mahmoud s'écria: *Masch-allah !* (Dieu soit loué!) cet uniforme te sied parfaitement. La coiffure est trop large, mais cela n'est pas à regretter, car tu ne pourrais t'en servir ni à ma suite, ni avec ma troupe. Sa Hautesse entendait dire que le shako ne serait jamais adopté pour son armée.

Après un instant de réflexion, Mahmoud reprit: Rustem-Aga, je te fais cadeau de cet uniforme, à condition que tu accompagneras, dans cette tenue, M. Malaguzzi, à Péra, et que tu te feras voir à cheval dans toutes les rues. L'oseras-tu ? — Oui, sans doute, seigneur.

Sur ce, le malencontreux Mustapha-Effendi fit observer a son maître qu'il n'était pas convenable de me donner ces objets envoyés en cadeau par un souverain; qu'il était prescrit par l'usage (1) de conserver dans un magasin *ad hoc* tous les objets de cette nature lesquels restaient en dépôt comme souvenirs. Alors Mahmoud, fort mal inspiré comme on voit, dans ses largesses avec moi, m'exprima ses regrets de me reprendre l'uniforme; mais il donna sur-le-champ à Mustapha-Effendi l'ordre de m'en faire confectionner un à Vienne, à ses frais, et de me le remettre aussitôt arrivé. Mustapha n'exécuta pas cet ordre et je me gardai bien de réclamer. Outre qu'il y eût eu imprudence à le faire, ces sortes de réclamations étaient contraires au plan de conduite que je m'étais tracé. J'allai me déshabiller et je remis le brillant uniforme aux domestiques du sérail. Je gardai seulement le sabre à l'insu de Mustapha. Ce sabre reparaîtra bientôt et cette fois je triompherai.

J'ajoute que j'aurai eu le premier l'honneur de vaincre ce vivace préjugé musulman.

(1) Cet usage existait réellement et existe encore aujourd'hui.

Quelques jours plus tard, Sa Hautesse me fit part du projet qu'elle avait formé d'instituer un ordre civil et militaire, et m'ordonna de lui présenter un modèle de décoration, lequel ne devait avoir aucune ressemblance avec les ordres chevaleresques existants en Europe. Pour me conformer à cet ordre, en fournissant un véritable type oriental, je fis dessiner deux branches de laurier jointes par un nœud à la partie inférieure et fermées à la supérieure par un anneau destiné à recevoir un ruban rouge qui est la couleur nationale. Le dessin de forme ovale encadrait le chiffre du Sultan dit *Thougra* (1). Ce modèle plut à Mahmoud et il le fit exécuter sans y rien changer. Les branches de laurier, le nœud et l'anneau, étaient en brillants et le thougra en or mat.

La veille du Baïram (la Pâques des Musulmans), Mahmoud m'appela dans son cabinet, et en présence de Mustapha-Effendi, me montra mon modèle parfaitement exécuté par les orfèvres arméniens. Fermant alors la boîte qui le contenait, ainsi que l'ancien ordre du Croissant, fondé par Sélim III, Mahmoud me dit avec une bonté pleine de grâce: « Rustem-Aga, voici la récompense de tes bons et loyaux services; je veux que tu sois le premier de mes serviteurs décoré de l'or-

(1) Je dus ce modèle à l'obligeance de deux jeunes Piémontais, MM. Gobbi et Baralta, attachés à la légation de Sardaigne, lesquels avaient déjà eu celle de me désigner des modèles d'étendards pour les escadrons de la garde.

dre Iftikar-Nichani (ordre du mérite). Où l'attacheras-tu?
« — Du côté gauche, seigneur, sur mon cœur. — C'est
bien! demain tu paraîtras au cortège avec tes décorations. » — Je commençais à parler passablement la
difficile langue turque, et en absence de mon drogman,
j'exprimai de mon mieux ma vive reconnaissance à Sa
Hautesse qui m'honora aussi du titre de Bey, et je me
retirai.

En sortant de l'appartement du Sultan pour rentrer
chez moi, je trouvai mes jeunes itch-oglans qui infor-
més de la faveur dont leur *ousté* (instituteur militaire),
venait d'être honoré, accouraient en masse pour
m'adresser leurs félicitations. Il y avait dans l'expression
de leur joie et dans leur vœux une naïveté qui me tou-
cha profondément, bien que leur ignorance eût pu
produire sur un homme étranger à l'Orient une impression toute différente. Ainsi, quelques uns de ces jeunes
amis, allèrent jusqu'à me souhaiter une couronne; et
comme je souriais de leur simplicité, l'un d'eux me dit :
« Les récompenses de notre tout puissant padisha
« (que Dieu nous le conserve!) s'étendront jusque là;
« croyez-le, Rustem-Aga. Pourquoi ne vous donnerait-
« il pas un jour un royaume à gouverner? Est-ce qu'il
« n'est pas le distributeur des couronnes? Est-ce que
« les Rois francs ne règnent pas par son bon plaisir? »
Je transcris littéralement ces paroles naïves, parcequ'elles peignent au naturel les préjugés et l'ignorance

qui dominaient à cette époque la partie même la plus éclairée du peuple Musulman. Bien des événements sont venus depuis modifier l'état des esprits. La récente guerre de Crimée surtout a dû jeter de vives lumières chez une race trop longtemps étrangère à la civilisation européenne ; cependant je ne voudrais pas affirmer qu'il n'existe encore chez bon nombre de vieux Turcs un fanatisme et des préjugés tout aussi extraordinaires, que ceux dont j'ai été témoin durant mon séjour à la cour du sultan Mahmoud et de son successeur.

La veille du Baïram, Sa Hautesse daigna donc me confier le titre de Bey, comme je l'ai déjà dit. Elle me dit que sa politique ne lui permettait pas encore de me confirmer dans le grade effectif de colonel de sa cavalerie, mais que je ne perdrais rien pour attendre. Je montai ensuite à cheval et me joignis au brillant cortège qui l'accompagna en grande pompe à la fameuse mosquée d'Eyoub, armé de mon sabre que tout le monde put voir, Mahmoud le premier, sans pourtant avoir l'air de le remarquer. Je continuai de le porter sans contestation jusqu'à un certain jour que je citerai bientôt, et pendant tout ce temps l'intolérant Kosrew-Pacha lui-même jugea convenable de ne pas invoquer notre ancienne transaction sur ce sujet.

Au printemps de 1829, Sa Hautesse quitta le camp de Ramid-Tchiff-Telik pour sa belle campagne de Thérapia sur le Bosphore, en face de la mer Noire. Je l'y suivis avec le premier régiment de cavalerie de la garde pour y faire le service journalier. Deux fois par semaine, Mahmoud faisait venir de leurs quartiers respectifs les trois autres régiments à Levent-Tchiff-Telik où ils se réunissaient au premier pour exécuter les évolutions de ligne. Il commandait souvent lui-même la première ou la seconde reprise. Après le travail, il se reposait avec sa suite au kiosque du Silicktar, s'y livrait au tir à l'arc et rentrait le soir à son palais de Thérapia. Quelquefois il me retenait auprès de lui, mais d'ordinaire, j'accompagnais le premier régiment à son cantonnement après avoir fait partir les trois autres pour leurs casernes.

Le sultan Mahmoud était un des plus forts archers de cette époque. Je me trouvais un jour à ses côtés lorsqu'il lança une flèche si extraordinairement loin, qu'il voulut en connaître la distance. On la mesura, la flèche avait franchi huit cent quatre-vingt pas. Le prince croyant à une exagération, ordonna un nouveau mesurage. Ce résultat constata une erreur de dix pas seulement. — « Ce n'est pas possible, dit-il, et se tournant « vers moi; Rustem-Bey, va mesurer toi-même, je « suis certain que ton compte sera plus exact. »

Comme le terrein à parcourir était très-accidenté, et dans quelques parties marécageux et couvert de joncs, j'étais peu flatté de la commission et je dis en riant: Seigneur, je vous demande la permission de mesurer la distance à cheval. — Mahmoud rit de ma saillie, et croyant voir une flatterie là où je n'avais nullement songé à en faire, il dit a ses courtisans: « Voilà votre « maître en fait de compliments, apprenez de lui à « m'en faire. » Mustapha-Effendi fit alors remarquer, (et il avait raison) que par caractère j'étais peu flatteur, que si j'avais demandé mon cheval, c'était pour m'épargner la corvée du mesurage à pied.

Toutes les fois que Mahmoud faisait un tir extraordinaire, le courtisan en faveur faisait élever une colonne en marbre à la place où la flèche était tombée. Sur cette colonne une inscription en lettres d'or portait la date, le nombre de pas et le nom de celui qui élevait cet hommage à son maître. Voilà de la flatterie, je suppose. Les environs de Constantinople étaient couverts de pareilles colonnes.

CHAPITRE IV.

On a souvent reproché à Mahmoud une cruauté, disons le mot, une *férocité* qui n'était pas dans son caractère. La destruction des janissaires fut sans doute une mesure violente et sanguinaire. C'était un véritable *coup-d'état*, mais un coup-d'état nécessaire et dans lequel Mahmoud paya de sa personne. M. de Lamartine, que l'on n'accusera certainement pas d'inhumanité n'a pas hésité à reconnaitre la rigoureuse nécessité dans laquelle se trouva le Sultan de détruire une troupe séditieuse et indisciplinée, qui ne menaçait pas seulement sa vie et son trône, mais qui mettait en péril toute tentative de réforme (1).

Les janissaires imposaient depuis trop longtemps aux sultans leur domination capricieuse; ils commettaient mille vexations sur les paisibles populations chrétiennes et musulmanes. Mahmoud, véritable réformateur de son empire, dut les écraser; mais encore une fois cet acte terrible, si l'on tient compte de la différence de nos mœurs à celle de l'Orient, n'implique point une cruauté qui était étrangère à son caractère. Les quelques anecdotes que j'ai déjà racontées doivent avoir rétabli dans l'esprit du lecteur prévenu l'image vraie du sultan Mahmoud, sa simplicité, sa bienveillance et la droiture d'un esprit qui s'efforce d'échapper aux préjugés dans lesquels il a été nourri. Voici un trait du même genre qui revient s'offrir à ma pensée au moment où j'écris ces lignes :

Nous nous trouvions un jour dans le beau jardin du kiosque, où existe une grande quantité de magnifiques arbres fruitiers. C'était la saison des cerises que

(1) L'illustre écrivain va beaucoup plus loin que moi, voici ses paroles : « L'histoire n'a pas de page comparable à celle de la destruction des janissaires. C'est la révolution la plus fortement méditée et la plus héroïquement accomplie dont je connaisse un exemple. Mahmoud emportera cette page. » (*Voyage en Orient*, tom. III. p. 202).

Mahmoud aimait passionnément. En s'approchant d'un cerisier, il fit signe à Mustapha et à moi qui le suivions de près de nous arrêter. Le prince alors essaye, à deux reprises, d'atteindre une branche chargée de ces beaux fruits, mais sans y réussir. Alors m'appelant, il me dit: « Voyons, Rustem-Bey, si tu seras plus habile. Saisis-moi cette branche ». — J'aurais pu l'atteindre au premier élan, mais, par politesse, je ne l'amenai qu'au second à portée de la main du Prince. Il cueillit une douzaine des cerises les plus mûres et me dit de laisser aller la branche. Puis me présentant les fruits: Prends, me dit-il. — Je m'inclinai respectueusement. Alors Mahmoud en prit quatre des plus belles et me les donna. Il en fit autant avec Mustapha dans la crainte sans doute de piquer sa jalousie et il lui fit remarquer que des trois personnes présentes, j'étais le plus grand.

Après cette longue digression, dont je demande pardon au lecteur, je reviens au dénoûment de mon affaire du sabre.

Un jour je ramenais le 1er régiment de la cavalerie de la garde à Thérapia. Chaque fois je faisais jouer la musique en sortant et en rentrant au village. Ce jour là, Mustapha-Effendi, sans m'en rien dire, avait défendu au chef de musique, élève de M. Donizetti, de faire jouer en l'absence du Sultan. A l'entrée du village, j'ordonne les fanfares comme à l'ordinaire. Le chef de musique obéit sans me parler de la consigne de Mustapha qui, par extraordinaire, était déjà rentré au palais avec le Sultan par un sentier beaucoup plus court que la route ordinaire. Furieux de se voir désobéi, Mustapha condamne ce malheureux chef de musique a cinquante coups de bâton, et la punition est exécutée à la descente de cheval. J'étais à peine rentré chez moi lorsqu'on vint m'en instruire. Je m'empresse de courir au palais afin de m'expliquer avec Mustapha en justifiant le pauvre chef de musique. Mustapha m'ayant écouté d'un air doucereux me répondit: le premier coupable est déjà puni; vous êtes le second. Remettez votre sabre à Achmet-Pacha et gardez les arrêts pour huit jours comme le prescrivent les règlements que vous nous avez appris. — Sans répliquer, je remets mon sabre à Achmet-Pacha qui était présent et j'allais me retirer quand Mustapha, changeant de ton, reprit: — Demain Sa Hautesse donnera audience à Buyuk-Déré à Son Exc. l'ambassadeur d'Angleterre nouvellement arrivé. Vous vous y rendrez à 11 heures avec deux escadrons en grande tenue avec la musique, vous les mettrez en bataille, la droite appuyée au pavillon qu'on dressera dans la prairie et la gauche au débarcadère. — C'est bien, Effendi, seulement je vous ferai observer que je ne pourrai monter à cheval avec les escadrons pour une parade sans sabre. Les mêmes règlements que vous venez d'invoquer s'y opposent formellement. — C'est entendu. Achmet rendez-lui son arme. Si vous ne vous étiez pas permis de la porter sans que le Sultan vous y autorisât, j'avais ordre de vous en donner un de sa part, vous ne l'aurez plus. — Celui-ci, répliquai-je, est aussi un cadeau de Sa Hautesse, ne le reconnaissez-vous pas ? — Mustapha et Achmet rirent de ma saillie et le premier m'invita à dîner avec eux. C'est ainsi que fut vaincu, grâce a ma tenacité, l'un des plus grands préjugés musulmans. M. l'ambassadeur d'Angleterre et sa suite se présentèrent le lendemain avec leurs épées à l'audience du padisha, et les premiers entre tous les diplomates, ils furent affranchis de l'humiliante étiquette qui, jusqu'à ce jour, avait pesé sur les militaires les plus illustres des grandes armées de l'Europe.

A l'occasion de l'arrivée de cet ambassadeur (sir Robert Gordon) à Constantinople, le Sultan m'envoya le complimenter de sa part et m'adjoignit le chef d'escadron Awny-Bey qui avait déjà servi de *Mirmandar* (introducteur officiel) au diplomate anglais depuis les Dardanelles. En me confiant cette mission, Mahmoud m'avait fait promettre de n'accepter de S. E. ni cadeau, ni invitation à diner sans son autorisation, et de lui rapporter *tout* ce qu'elle me dirait, *tout*, répéta-t-il.

L'ambassadeur fut très-flatté de la déférence inusitée dont il était l'objet et nous invita à diner en nous désignant le jour. Je lui fis observer qu'il nous était impossible d'accepter l'honneur de son invitation sans l'autorisation du Sultan ; j'ajoutai que je la demanderais et que je lui rendrais réponse.

De retour au sérail, je rendis compte à Mahmoud qui m'accorda pour Awny-Bey et pour moi la permission d'accepter le dîner, toujours à la condition de lui rapporter exactement tout ce qui serait dit. J'informai par écrit l'ambassadeur de notre acceptation, et au jour fixé, nous nous rendîmes au palais de l'ambassade où nous trouvâmes réuni tout le corp diplomatique et en outre le comte Hulot, lieutenant-général français. Après dîner, sir Robert Gordon m'offrit un cigare de la Havane et m'introduisit seul dans son cabinet. Ayant pris place sur un divan à côté l'un de l'autre, l'amphytrion diplomate me dit sans autres préambule: « M. le Bey, votre « position auprès de Sa Hautesse et la faveur dont « vous jouissez vous mettent à même de rendre de « grands services à l'Angleterre ; elle saura les reconnaître très-généreusement. De mon côté, je me ferai « un devoir de les signaler à mon gouvernement qui, « en attendant, m'autorise à vous avancer des fonds. « Quelle somme désirez-vous, monsieur ? »

Je fus assez maître de moi pour lui répondre sans manifester mon indignation.

« Si les services que la Grande-Bretagne et votre « Excellence attendent de moi sont compatibles avec « mes devoirs envers le Sultan et de nature à lui être « avoués, je suis tout disposé à vous les rendre gratis.

« Si votre Excellence, au contraire, a pensé un seul
« instant que je pourrais m'oublier jusqu'à trahir
« mon auguste maître, je la prie d'avoir meilleure
« opinion de mon caractère. » L'ambassadeur s'excusa
en diplomate habile, et m'assura que ma réponse ne
faisait qu'augmenter l'estime qu'il avait déjà pour ma
personne. La vérité est que durant tout son séjour à
Constantinople, sir Robert Gordon m'a toujours montré la sympathie la plus honorable. J'ai souvent eu
l'honneur de recevoir ses invitations soit pour un
dîner, soit pour une des nombreuses soirées dont il
faisait les honneurs avec la grâce et la dignité d'un
véritable gentleman.

A mon retour au sérail, j'informai Sa Hautesse
comme je m'y étais engagé, de tout ce que l'ambassadeur m'avait dit. Je n'eus garde d'oublier la proposition
très-légère (pour ne rien dire de plus) que son Excellence avait cru devoir me faire. « Eh bien ! dit le prince
« en se tournant vers Mustapha, n'avais-je pas tout
« prédit ? La réponse de Rustem-Bey à l'ambassadeur
« n'est-elle pas celle d'un honnête homme et d'un bon
« et loyal serviteur ? »

Puis s'adressant à moi : « Ton temps d'épreuve est
« fini, Rustem-Bey ; tu peux maintenant aller partout
« où tu voudras. Néammoins sois prudent, n'oublie
« jamais les conseils que je t'ai donnés au sujet des
« légations Européennes. »

Mahmoud faisait allusion à une anecdote antérieure. Je la consigne ici.

Pendant plus d'une année, je fus soumis à un véritable noviciat. Il était tout simple que destiné à pénétrer un jour dans la confiance et même dans l'intimité d'une cour complétement étrangère aux mœurs et aux usages de l'Occident, je fusse moi, enfant du peuple, sans nom, sans titres, sans précédents illustres, éprouvé par le prince qui avait l'intention de me donner un accès de tous les jours auprès de sa personne. C'était comme le disait le Sultan, *mon temps d'épreuve.*

Or, un jour, le général Guilleminot, ambassadeur de France, m'ayant adressé par écrit une invitation à dîner, j'en parlai au Sultan qui me dit : Tu n'iras pas. — Avec votre permission, seigneur, je lui répondrai pour le remercier. — Pas davantage. — Mais seigneur, en agissant ainsi, je commettrais, selon nos usages, une grande impolitesse. — Je me charge de t'excuser auprès du général.

En effet, Mahmoud fit appeler Chuckuri-Bey, officier du palais, et en ma présence, il lui ordonna de se rendre au palais de France et de prier de sa part l'ambassadeur de m'excuser. Le messager parti, cet excellent prince me dit : « Ta position ici est très-délicate ; elle « te fait des ennemis ou tout au moins des envieux « parmi les grands de mon empire. En fréquentant les

« légations, tu leur fournirais l'occasion de s'occuper
« de tes relations que moi, qui te connais, je saurais
« innocentes ; mais eux pourraient te faire dire des
« choses auxquelles tu n'aurais même pas songé. Ces
« propos, la malveillance s'empresserait de les colporter
« et de les faire parvenir à mes ministres avec les com-
« mentaires ordinaires. Ne te connaissant pas à fond,
« ils pourraient y ajouter foi, et partant tu serais la
« victime de quelqu'intrigue. Prends patience, sois pru-
« dent, et continue à vivre encore quelque temps
« dans l'isolement ; l'intérêt de ta propre sûreté l'exige. »

Ces conseils pleins de sagesse et de bienveillance, je
les ai suivis scrupuleusement et j'ai, je puis le dire,
redoublé de zèle et d'activité dans l'accomplissement
de mes devoirs. Je tenais à justifier la confiance dont
le prince m'honorait et que deux fois déjà j'avais, sous
l'influence d'insinuations perfides, failli de perdre.

Une première fois, après la bataille de Navarin où la
flotte Turco-Egyptienne fut si malheureusement sacri-
fiée, je fus, en ma qualité de chrétien, signalé à la
défiance du Sultan. Il y avait cinq mois à peine que
j'étais à son service, et il était naturel que les Turcs
ne m'accordassent pas une confiance que je n'avais pas
eu le temps de mériter. On dit au Sultan qu'avant de
venir à Constantinople, j'avais servi les Grecs ; que peut-
être j'étais un des nombreux émissaires secrets qu'ils
entretenaient sous la protection de la légation française,

etc., etc. Alors le Sultan, par mesure de prudence, m'enjoignit de suspendre l'instruction et me dispensa de paraître au sérail jusqu'à nouvel ordre. Je compris sur-le-champ que j'étais victime d'une imputation calomnieuse et que je serais surveillé. Dans cette persuasion, je demandai à loger dans la caserne de cavalerie située à Dolma-Baktché. On me le permit et je m'y installai, avec mon drogman, Antoine-Luzin.

Durant cette interdiction, qui heureusement fut courte, le hasard voulut que je reçusse dans la caserne la visite de M. de Croze, accompagné de M. Garreau, qui m'avait donné l'hospitalité à Thérapia avant mon entrée au service ; comme je l'ai dit plus haut, M. de Croze allait partir pour Smyrne et me trouvant en fonds, je voulus lui remettre l'argent qu'il avait eu l'obligeance de me prêter quelques mois auparavant.

J'étais occupé à compter cette somme quand un officier de ma cavalerie, capitaine de piquet à la dite caserne, entra chez moi. Il fut charmé d'y rencontrer M. Garreau qu'il avait connu au palais de France, étant lui-même janissaire au service de cette légation avant la réforme. Mes deux visiteurs, après avoir fumé une pipe et pris le café de l'hospitalité, sortirent pour retourner à Péra. Le capitaine et moi nous les accompagnâmes jusqu'à l'entrée de ce faubourg habité par les Francs et nous revînmes à la caserne. Nous y fîmes un peu de théorie et quelques évolutions sur la table

à l'aide des pions de mon trictrac, et la nuit survenue,
le capitaine se retira. Alors je me couchai ainsi que
mon drogman.

Mon petit appartement composé de deux pièces au
rez-de-chaussée dont une occupée par mon drogman,
faisait face au corps-de-garde. Par conséquent le fac-
tionnaire pouvait aisément voir qui entrait chez moi et
qui en sortait. Mes ennemis profitèrent de la visite des
deux français pour faire au Sultan le rapport que voici :
« J'étais, disaient-ils, sorti cette nuit mystérieusement
de la caserne pour me rendre à Péra chez M. Desgranges,
premier drogman de l'ambassade française où j'avais
passé la nuit en conciliabule. Je n'en étais sorti qu'au
point du jour. »

Sur cette infâme délation, le grand seigneur ordonna
une enquête qui eut pour résultat de me faire gagner
cent pour cent dans sa confiance. En effet, le capitaine
fut interrogé ainsi que les factionnaires qui avaient
tour à tour occupé la porte de la caserne. Tous dépo-
sèrent qu'ils ne m'avaient vu ni sortir, ni rentrer. Le
capitaine ajouta que connaissant mes habitudes mati-
nales, il était entré chez moi avant le jour, qu'il
m'avait trouvé au lit et que rien ne lui faisait penser
que j'eusse découché.

Le lendemain, mon drogman ayant été mandé au
sérail, Mustapha-Effendi lui demanda si j'avais reçu
du tailleur, l'habillement que Sa Hautesse avait

ordonné de confectionner pour moi. Sur sa réponse affirmative, Mustapha reprit : « Les escadrons monteront à cheval aujourd'hui. Dites à Rustem-Aga qu'il vienne avec son nouvel uniforme. Sa Hautesse désire le voir. »

Antoine, à son retour, m'ayant communiqué cet ordre, je fis mes préparatifs et à l'heure indiquée, je me rendis à cheval au palais. Avant que le Sultan parût, un jeune itch-oglan qui m'était attaché, me raconta la délation dont j'avais été l'objet, l'enquête qui en avait été la suite, et l'heureux effet que les témoignages entendus avaient produit pour moi, sur l'esprit du Sultan. Mahmoud, en me voyant, ne fit aucune allusion à ce qui s'était passé, il me traita avec la même bonté qu'auparavant et parut très-satisfait du modèle d'uniforme que je portais, lequel fut adopté pour les régiments de la cavalerie de la garde.

Voici maintenant la seconde aventure qui m'arriva pendant ma période d'épreuve; comme la première, elle me servit auprès de Mahmoud, et c'est pour cela que je la rapporte ici :

Au printemps de 1828, je donnais mes leçons à Ialdish-Kiosque. Un jour, pendant le repos de mes élèves, j'étais sorti du manège et ayant mis pied à terre, je m'approchai d'un groupe d'officiers. Nonchalamment appuyé au côté montoir de ma selle, je prenais part à la conversation tout en observant le Sultan qui, entouré de sa suite et à peu de distance de nous, gesticulait avec feu, tout en regardant souvent de notre côté. Tout-à-coup, je vois mon ami Riza-Bey se détacher du groupe, venir droit à moi suivi par les regards inquiets du Sultan et de sa suite. Il m'aborde d'un air soucieux, me salue et m'adresse, d'un air assez embarrassé, les questions suivantes : Vous avez-là une belle selle anglaise, Rustem-Aga; je vous la vois pour la première fois; elle est toute neuve; depuis quand l'avez-vous ? Quel en est le prix ? Peut-on s'en procurer une pareille à Péra ? Oh! les belles fontes! et cette peau d'ours qui les recouvre; comme c'est élégant! En parlant ainsi à bâtons rompus, Riza ouvre les chaperons, passe en tremblant sa main droite dans les deux fontes; puis, me regardant d'un œil brillant d'émotion et de joie, il part sans attendre ma réponse, en criant, Allah! Allah ! et va rejoindre le Sultan qui l'attendait avec une anxiété visible.

J'avoue que cette scène produisit sur mon esprit une véritable inquiétude; je voyais clairement que j'étais l'objet d'une nouvelle défiance; mais à mesure que le rapport de Riza-Bey avançait, le grand seigneur reprenait sa physionomie ordinaire et mon anxiété diminuait avec la sienne.

Le travail fini, Mahmoud me fait appeler, je cours avec empressement au kiosque. Il me tardait d'en venir à une explication. Après avoir éloigné les domestiques les plus intimes, Mustapha-Effendi m'introduisit dans le cabinet du Sultan. « Il est exilé, me dit-il en me voyant, il partira demain pour Trébisonde le misérable qui a osé porter une abominable accusation contre toi ! » — Seigneur, j'ignore ce qui se passe ; de grâce ! — C'est Osman-Pacha qui t'a accusé d'avoir dans tes fontes des pistolets chargés pour me tuer. — Quelle atrocité, seigneur ! j'eusse été bien malheureux de perdre votre confiance sur une simple apparence ! Et cependant il se pouvait que j'eusse dans mes fontes des pistolets chargés, sans avoir pour cela l'intention criminelle qu'on me prête. »

Sur ce, je sortis le cœur brisé. Je ne pouvais plus me faire illusion sur les dangers de ma position. Ce ne fut que plus tard, grâce à une conduite pleine de prudence et de réserve, et en m'occupant exclusivement de l'instruction de ma cavalerie que je parvins à désarmer mes ennemis et à asseoir solidement la confiance dont j'ai joui paisiblement pendant plus de quinze années sous les deux règnes de Mahmoud d'abord, et d'Abdul-Medjid, plus tard.

CHAPITRE V.

J'ai touché un mot plus haut des espérances de réaction que les succès des Russes faisaient renaître dans le parti des janissaires. Voici une anecdote qui vient appuyer mon observation. En janvier ou février 1829, Mahmoud me fit cadeau d'une belle maison située à Péra, et comme mon temps de noviciat auprès de lui était fini, il me permit de l'habiter. A cette époque, Sa Hautesse logeait elle-même au pavillon de

la caserne de Ramid-Tchiff-Telik, autour de laquelle
étaient campés les douze mille hommes de la garde, y
compris les quatre régiments de cavalerie cantonnés
dans le faubourg d'Eyoup et environs. Tous les matins,
je faisais partir mes palefreniers avec mes chevaux de
Péra pour les Eaux-Douces et Eyoup où ils m'attendaient. De mon côté, je m'y rendais en bateau par
l'arsenal, avec mon drogman.

Un jour, mes chevaux étant en retard, je m'ennuyai
de les attendre. Le temps était froid, et ayant dit à
mes gens de venir me rejoindre, je pris le parti de
monter à pied à la caserne. Après avoir parcouru le
faubourg dans cette direction, on rencontre un torrent
qui coule entre les deux dernières maisons et le pied
de la montée. Les chevaux le passent à gué et les pié-
tons sur un petit pont de bois de la largeur d'un mètre
cinquante à deux mètres. Pendant que nous traversons
le pont, nous voyons venir à nous six gaillards armés
jusqu'aux dents, au pied de la lettre. Les pistolets et
yatagans qu'ils portaient à la ceinture leur remontaient
en effet jusqu'au menton. Leurs manches de chemises
retroussées jusqu'à l'épaule, mettaient en évidence les
poissons tatoués, stygmates des janissaires, et leur
allure de bravaches avait un caractère tout-à-fait
provocateur. Mon drogman et moi nous étions sans
armes. Je dis alors à Antoine, que je voyais pâlir,
Est-ce-que vous avez peur ? — Ne dites rien, monsieur,

je vous en prie, ce sont des janissaires! voyez, ils s'arrêtent; retournons sur nos pas jusqu'au corps-de-garde. — Ma foi, non; retournez, si cela vous plait, quant à moi je poursuis mon chemin.

Antoine eut honte de me quitter et nous continuâmes d'avancer. En passant près de, ces arsenaux ambulants, j'entends l'un d'eux dire: — Quel est cet individu? — On lui répond: Ce doit être l'instructeur du Sultan. — Vraiment! l'infidèle de l'infidèle! s'il plaît à Dieu, dans quelques jours, nous essayerons nos yatagans sur lui; nous le couperons par morceaux.

Je fis la sourde oreille, et nous continuâmes notre marche. Arrivés au pavillon, j'entre comme d'habitude chez Mustapha-Effendi qui me demande si je suis porteur de quelque bonne nouvelle de Péra. — « Antoine, encore sous l'impression de la peur, raconte alors à Mustapha-Effendi la rencontre que nous venons de faire.

Celui-ci parut surpris qu'ils eussent osé s'approcher de la caserne, et comme je le priais de n'en pas parler au Sultan: « Non pas, dit-il, non pas! il est de mon devoir de l'en informer à l'instant, » et ouvrant la porte de communication, il entra dans le cabinet de Sa Hautesse qui vint elle-même, quelques moments après, se faire raconter par Antoine la scène tout entière.

Alors Mahmoud ordonne à Mustapha de lui faire préparer un cheval et deux tlicho-cadars (valets de pied). Puis, se tournant vers moi : Rustem-Bey, tu ne sortiras pas d'ici avant mon retour et tu ne feras pas travailler aujourd'hui.

Un quart d'heure après, il sortit armé de son sabre et d'une paire de pistolets dans ses fontes et suivi de deux serviteurs dévoués, il se rendit à Constantinople ; il en parcourut, au pas, les principales rues et le soir il rentra dans son pavillon. Comme j'étais présent à sa descente de cheval il me dit : Me voici de retour, Rustem-Bey, je me suis promené dans toute la ville, j'ai rencontré quelques uns de ces mauvais sujets. Ce sont des chiens qui aboient, mais ne mordent pas.

Nous sûmes le lendemain que Sa Hautesse avait eu une longue conférence avec le séraskier. La même nuit, celui-ci fit arrêter plusieurs janissaires suspects, et comme il n'était pas l'homme des demi-mesures, Kosrew fit mouiller une frégate près du château des Sept-Tours, et durant plusieurs nuits consécutives, les mutins y étaient conduits, étranglés et jetés à la mer. Ces exécutions nocturnes ne laissaient aucune trace. Les courants, dans cette partie de la côte de la mer de Marmara, sont si rapides qu'ils emportaient les cadavres dans la direction des Dardanelles.

Mahmoud dans cette circonstance, fit preuve d'une véritable témérité en parcourant sans escorte les rues d'une ville qui abritait tant d'ennemis de la réforme. Un coup de fusil d'une fenêtre pouvait le renverser et avec lui les réformes en voie d'exécution. Les Ulémas et les Imans faisaient alors publiquement des vœux pour que les Russes arrivassent à Constantinople dans l'espoir d'opérer sous leur protection une réaction contre les projets de Mahmoud. Les douze mille hommes de la garde campés à Ramid-Tchiff-Telick auraient pu renforcer l'armée du grand visir à Andrinople si la capitale eût été purgée à temps des anciens janissaires et de leurs adhérents.

L'armée Ottomane, puisque j'ai prononcé son nom, qui avait à peine dix-huit mois d'existence n'a pu tenir tête longtemps aux troupes Russes aguerries et disciplinées à l'européenne. Cependant toute les fois qu'il ne s'est plus agi de combats en rase campagne où la discipline et la tactique ont dû l'emporter les troupes turques firent merveille. Témoin l'héroïque défense de Schumla et de la bicoque de Varna sous laquelle l'armée Russe perdit environ vingt mille hommes.

La récente campagne du Danube et de Crimée a justifié une fois de plus la solidité de l'armée ottomane derrière des retranchements et des murs de forteresse. La belle défense de Silistrie, en 1853, a pour jamais immortalisé le nom d'Omer-Pacha et les troupes qu'il commandait.

Ceci me rappelle une conversation que j'eus avec quelques uns de mes jeunes élèves à peu près à cette époque de 1829. Lorsque Portew-Effendi, ministre des affaires étrangères, provoqua par son malheureux manifeste la guerre de 1828, quelques itch-oglans avec lesquels je causais un jour m'exprimèrent leur joie d'avoir l'occasion de se mesurer avec leurs éternels ennemis. Moi, qui voyais les choses de sang froid, je leur dis :

« La Porte se fourvoie. Avec une jeune armée dont l'instruction est à peine ébauchée, sans généraux capables de la diriger, sans service d'hôpitaux organisé, sans administration de vivres; de jeunes soldats animés d'un bon esprit mais dépourvus d'expérience de la guerre; avec de pareils éléments prétendre se mesurer avec la Russie, c'est, pardonnez à ma franchise, c'est une véritable folie. Que la Porte dissimule ses justes ressentiments; qu'elle attende d'avoir une armée mieux disciplinée et plus instruite; que pendant ce temps-là les officiers Musulmans aillent se former dans les différentes écoles militaires étrangères; que la Turquie demande à la France, son ancienne alliée, des officiers instructeurs en nombre suffisant pour les trois armes; et dans dix ans son armée pourra lutter avec l'armée Russe. Pour le moment, il n'y faut pas songer. Si le gouvernement du Czar vous demande des provinces à sa convenance ou des indemnités pécuniaires, cédez, sauf à reprendre plus tard par la force ce que vous aurez abandonné à la force.

« On assure, continuais-je, que la Porte tant que
« durera la guerre a promis quarante piastres turques
« pour chaque tête russe que les soldats présenteront
« au grand visir ou à ses lieutenants. Ne serait-il pas
« plus politique et plus honorable (pour vous qui vous
« flattez d'entrer dans la civilisation européenne) de
« proclamer que tout Musulman qui fera prisonnier
« de guerre un soldat russe recevra une récompense
« de vingt piastres ? »

Tout cela fut rapporté au Sultan comme tout ce
que j'avais l'habitude de dire dans la conversation.

Quelques jours après, Achmet-Pacha eut ordre de
payer vingt piastres chaque prisonnier russe. Malheureusement mes paroles, en ce qui regardait la déclaration
de guerre, ne furent pas écoutées..........

Voici maintenant un épisode assez curieux du séjour
de Mahmoud au kiosque de cette même caserne de
Ramid-Tchiff-Telick qui me revient en mémoire.

Depuis six mois environ, M. Gebbi, jeune peintre
attaché au consulat de Sardaigne, me priait de lui procurer l'honneur de faire le premier le portrait de Sa
Hautesse. De tout cœur j'aurais désiré pouvoir obliger
mon jeune compatriote. Mais connaissant les difficultés
que les préjugés religieux m'auraient opposé, je n'osais
en faire la proposition. L'idée me vint alors de faire
faire d'abord ma miniature en costume ottoman, sachant
bien qu'il me serait facile de la faire voir au Sultan.

M. Gobbi approuva cette ruse innocente, et en quelques jours j'eus entre les mains ma miniature achevée et d'une ressemblance parfaite. Je m'empressai de la montrer à Mustapha-Effendi qui en admira l'exactitude mais qui se fit beaucoup tirer l'oreille pour la présenter au Sultan. Le prétexte de la religion fut mis en avant comme je m'y attendais. Enfin, cédant à mes instances, Mustapha prit la miniature et entra dans le cabinet du grand seigneur. Le prince m'appela quelques minutes après, et quand je l'eus bien rassuré sur la discrétion de l'artiste il me dit : Tu me l'amèneras ici le jour que je te désignerai.

J'allai bien vite porter cette bonne nouvelle à M. Gobbi en lui recommandant le secret le plus absolu. Cependant bien des jours se passèrent et Mahmoud ne parlait pas du peintre. Un jour étant à ses côtés sur le champ de manœuvre, je me permis de lui dire : « Seigneur, vous avez oublié le peintre ? — Non pas ! amène-le moi demain si le temps est favorable. »

Le lendemain en effet, j'arrivai au pavillon avec M. Gobbi par une belle journée d'hiver, et je le présentai à Mustapha qui fut charmé de ses belles manières et plus encore de l'entendre parler passablement la langue turque.

M. Gobbi fut introduit auprès du Sultan qui le reçut avec bonté. Quand il eut préparé ses pinceaux et ses couleurs, Mahmoud me demanda si la séance serait longue. — Je reportai la question au peintre qui répondit en s'adressant directement à Sa Hautesse : Pour la première séance, seigneur, j'oserai vous prier de m'accorder au moins quinze minutes.— Comment! pour la première séance; il y en aura donc plusieurs? — Oui, seigneur, au moins deux.— Allons, je t'en accorde trois, à condition que tu ne me tiendras que quinze minutes.

Cette transaction passée, nous priâmes le prince de se placer au jour favorable, et Mustapha eut soin de lui recommander l'immobilité.

L'étiquette du sérail ne permet qu'au cheik-Islam (chef de la religion) de s'asseoir en présence du Padisha. Ses propres fils n'oseraient pas se le permettre sans y être invités par leur père. Cependant M. Gobbi ne pouvait rester debout devant une table ordinaire, manquant de chevalet. J'en fis, à voix basse, l'observation à Mustapha qui me répondit avec humeur : *Olmass!* (impossible!) mais Mahmoud, informé de la difficulté, dit : Eh! sans doute, qu'il se mette à son aise. Cela ne peut se faire autrement, je le vois bien. La séance finie, nous fûmes congédiés avec invitation de revenir le surlendemain samedi.

Dans la nuit du vendredi au samedi, un orage ayant enlevé quelques plaques de plomb au toit du pavillon habité par le Sultan, les appartements furent inondés. Mahmoud ne voulut cependant pas sortir, et quand nous arrivâmes au kiosque le lendemain, il accorda, malgré le mauvais temps, une seconde séance à M. Gobbi.

Comme il tombait par-ci par-là quelques gouttes de pluie dans le cabinet, Sa Hautesse me dit : Rustem-Bey, ouvre le parapluie et tiens-le sur ma tête ; Mustapha-Effendi te relèvera quand tu seras fatigué.

Or, ce jour là la séance dura près d'une heure, de telle sorte que le réformateur de l'empire Ottoman ; le prince qui avait à sa disposition cinquante magnifiques kiosques dans les environs de sa capitale, eut la patience de poser dans le pavillon délabré d'une caserne ! Et quand nous lui en fîmes l'observation, il répondit : Mes soldats sont sous la tente, je sais que l'eau y a pénétré ; ne suis-je pas au camp comme eux ?

Puis, se tournant vers moi : Pendant les campagnes de Bonaparte, Rustem-Bey, combien de fois n'as-tu pas bivouaqué par les intempéries les plus affreuses ?

J'interromps ici mon récit pour faire observer que les Turcs en général ne connaissent l'Empereur que sous le nom de *Bonaparte,* Jamais ils ne disent Napoléon. Je suppose que cela doit tenir à ce que l'expédition d'Egypte, qui eut lieu plusieurs années avant l'érection de l'Empire, avait mis en contact le général Bonaparte avec les peuples de l'Orient. Mahmoud, qui avait une grande vénération pour la mémoire de l'Empereur, me demanda un jour si j'avais eu l'honneur de parler à Bonaparte.

Seigneur, lui répondis-je, j'ai eu l'honneur de parler à Napoléon et non à Bonaparte. — Et je lui fis comprendre que les souverains ne sont désignés que par leur prénom. Les ennemis seuls du grand homme, ceux qui se sont obstinés à ne pas le reconnaître pour un souverain légitime, le désignent encore sous le nom de Bonaparte, et même quelques uns disent *Buonaparte*, comme s'ils voulaient enlever la qualité de Français à l'homme qui a le plus illustré la France !

Je reviens au portrait de M. Gobbi, qui fut achevé dans la troisième séance et parfaitement ressemblant. Pourtant Mahmoud y signala un défaut qui fut corrigé en quelques jours, de manière que la miniature obtint son approbation entière. Lorsque nous la présentâmes au Sultan, le peintre reçut une récompense digne d'un souverain. Il obtint en outre la permission de faire trois copies, dont une fut envoyée à S. M. Charles-Félix, roi de Sardaigne.

Les mauvaises nouvelles de l'armée se succédaient rapidement au palais de Thérapia; mais Mahmoud ne se décourageait pas. Le capitan-pacha captura dans la mer Noire une frégate russe qui fut conduite à Buyuk-Déré. L'état-major, les soldats et les matelots y furent débarqués, et le Sultan voulut les voir. Ayant appris que parmi ces prisonniers de guerre il y avait un certain nombre de Musulmans devenus sujets russes par suite des différents traités, Mahmoud demanda au capitaine le chiffre de ceux qui étaient à bord de la frégate. Le capitaine donna ce chiffre dont je n'ai pas conservé le souvenir. Alors le Sultan, se tournant vers moi qui étais placé derrière lui, dit à Achmet-Pacha en me plaçant la main sur l'épaule: Cent de ces misérables ne valent pas mon Rustem, n'est-il pas vrai, Pacha?

Je m'inclinai, mais dans mon for intérieur, je blâmai Mahmoud. Il commettait, à mon sens, d'abord une injustice à l'égard de malheureux Musulmans, devenus soldats russes par force; ensuite une imprudence à mon égard en m'adressant, devant un tel public, un compliment qui pouvait exciter la haine et l'envie. Mustapha-Effendi, par exemple, sans être un ennemi dangereux, me faisait souvent subir des désagréments dont je me gardais bien de me plaindre. Il connaissait mon désintéressement, lui cupide au premier chef, et très-souvent il se dispensait d'exécuter les ordres du maître en ma faveur. En voici un exemple.

C'était l'usage, le jour du Mouharem (premier jour de l'année musulmane), que tous les officiers de la maison militaire de Sa Hautesse allassent lui présenter leurs hommages au sérail. A cette occasion, chacun recevait une somme d'argent proportionnée à son grade. Comme je faisais partie de la maison, je me présentai. Après avoir agréé mon compliment, Mahmoud dit à Mustapha: — Donne à Rustem-Bey le cadeau d'usage. — Seigneur, répondit Mustapha, je ne lui donnerai rien. — Et pourquoi? — Parceque si je lui donnais tout ce que vous m'ordonnez, il nous quitterait dès qu'il serait devenu riche. — Par Dieu, Mustapha-Effendi, lui dis-je, je conçois que votre avidité vous porte à thésauriser, mais je suis scandalisé comme tout le monde que vous vous permettiez de porter l'avarice jusque dans les faveurs et les largesses de Sa Hautesse envers nous.

Mahmoud se pâmait de rire en m'entendant. Ce jour là, contre son habitude de ne jamais porter d'argent sur lui, il avait dans sa poche une centaine de roupies, petites pièces d'or très-minces d'une valeur minime. Ces pièces, suivant l'usage du sérail, étaient enveloppées dans un morceau de gaze blanche et cachetées. Mahmoud afin d'éloigner Mustapha, lui demanda sa longue-vue qui était dans la pièce voisine. « Prends, dit-il, prends vite, je n'ai pas autre chose sur moi; mais qu'il ne te voie pas ! »

Peut-être s'étonnera-t-on que Mahmoud si bienveillant à mon égard, et par nature, généreux envers tous ses serviteurs, ne se soit pas préoccupé de ma fortune et de mon avenir. Il m'avait donné, comme je l'ai déjà dit, une fort belle maison située à Péra. Le grand incendie du 2 août 1831 me l'enleva ainsi qu'une partie du mobilier qui m'avait occasionné de grandes dépenses. Le lendemain de la catastrophe, le Sultan donna l'ordre, en ma présence, à Mustapha de faire rebâtir la maison en pierre. Celui-ci n'en fit rien. Il y a plus, une intrigue de Kosrew me fit exproprier même du terrein qui avait une valeur de deux cent mille piastres (cinquante mille francs).

Je ne fais aucun doute, du reste, que s'il n'eût pas été contrarié dans ses bonnes dispositions, tant par Mustapha que par d'autres gens du même caractère, et surtout si une mort imprévue ne l'eût pas enlevé brusquement, Mahmoud eût pourvu à mon avenir et à celui de ma famille. Au reste, on verra en son lieu, que son fils, le sultan actuel Abdul-Medjid, en m'accordant une généreuse pension de retraite, a acquitté, autant qu'il était en lui, la dette de son auguste père.

CHAPITRE VI.

Le général Guilleminot. — Mahmoud. — Je saisis avec bonheur l'occasion de rendre service à la marine de commerce du Piémont. — M. Corsi. — Le gouvernement Sarde et M. le marquis de Gropallo.

J'ai dit déjà qu'écrivant au fur et à mesure que les faits se présentent à mes souvenirs, je ne puis guère suivre un ordre chronologique un peu exact dans cette partie de mes mémoires, où aucune date fameuse ne vient se placer à côté des événements que je raconte.

Le lecteur ne doit donc pas être surpris si je reviens quelquefois sur mes pas pour placer sous ses yeux quelques anecdotes qui, sans avoir par elles-mêmes une grande importance, ont au moins le mérite de bien faire apprécier le caractère du sultan Mahmoud. C'est par la même raison que l'on voit figurer alternativement à côté de mon nom le titre d'*aga* et celui de *bey*, bien que le dernier me fût acquis depuis les fêtes du Baïram, 1828-1829.

Après la bataille de Navarin (1827) les ambassadeurs de Russie, de France et d'Angleterre durent momentanément quitter Constantinople. Comme à cette époque il ne m'était pas permis de communiquer avec les personnes du dehors, je regrettais vivement de n'être pas informé du départ du général Guilleminot, auquel je ne pouvais faire mes adieux ni en personne, ni même par lettre. Cependant, le hasard voulut qu'étant un soir à me promener sur la terrasse de Gulkané, après le travail de mes élèves, j'aperçusse un brick, battant pavillon français au mât de misaine, qui se détachait de Tophana faisant route vers les Dardanelles.

A mesure que ce bâtiment approchait du quai du sérail que longent tous les navires en partance pour l'Archipel, avant d'entrer dans la mer de Marmara, je distinguais plus nettement les personnes qui se trouvaient sur la dunette. Ayant reconnu parmi elles le général, entouré des attachés de la légation, je montai sur le parapet afin de me mettre en évidence, et en agitant mon mouchoir, j'attirai leur attention et les saluai. Le général m'ayant reconnu me cria : N'ayez aucune inquiétude, M. Calosso ; j'espère revenir bientôt à mon poste. En attendant, soyez prudent.

Je n'avais pas encore quitté le parapet, suivant de l'œil le navire qui doublait la pointe du sérail, lorsqu'un tlcho-cadar vint, de la part de Sa Hautesse, me dire de me rendre au palais. Comme les fenêtres des appartements avaient vue sur la terrasse, je ne pouvais pas douter d'y avoir été vu. Cependant, n'ayant rien à me reprocher, je me rendis au sérail.

En m'apercevant, le bon Mahmoud me dit : Guilleminot est parti, j'espère que les affaires s'arrangeront, et qu'il sera bientôt de retour. — Le hasard, seigneur, a permis que je fusse ce soir sur la terrasse au moment de son passage, et j'ai eu le plaisir de lui faire mes adieux et de lui souhaiter un heureux voyage. Il m'eut été pénible de le savoir parti sans l'avoir vu. — Je le comprends très-bien. — Vous savez, seigneur, que c'est à sa recommandation que je dois l'honneur de vous servir. — Sans aucun doute, reprit-il avec bonté, tu lui dois de la reconnaissance. D'ailleurs Guilleminot est un brave homme ; il suit les instructions de son gouvernement, voilà tout. Quant à toi, il serait injuste de te savoir mauvais gré de t'être trouvé ce soir sur son passage.

Quelques jours après, je suivis Sa Hautesse dans une partie de chasse à Ponte-Piccolo. Avant de partir, j'envoyai mon drogman chercher mes lettres à la poste de Péra et lui enjoignis de venir nous rejoindre à Ponte-Piccolo, où nous devions passer la nuit. A son retour, Antoine m'ayant trouvé encore à cheval me remit deux lettres, en présence du Sultan. Mahmoud me demanda si c'étaient des lettres de famille. Sur l'écriture des adresses, je reconnus que l'une venait de ma femme, et l'autre d'un de mes camarades, appartenant à l'artillerie et réfugié en France. — Mais, dit le Sultan, tu ne lis pas tes lettres ? — Seigneur, je ne me permettrai pas devant vous une telle inconvenance. — Lis-les, je te le permets.

Je m'inclinai et décachetai d'abord la lettre de madame Calosso. Attentif à ma lecture, Mahmoud reprit en me voyant replier la lettre : — As-tu de bonnes nouvelles ? — Oui, seigneur, mon fils se porte bien et ma femme me dit qu'il est très-sage. — Dans quelques mois, tu pourras faire venir ici ta famille. Le séjour de ma capitale sera aussi agréable alors et aussi sûr que celui des autres villes d'Europe. Nous n'aurons plus de janissaires insultant les francs. — Alors, seigneur, ma famille aura l'honneur d'être placée sous votre protection ? — Oui, sans doute. Maintenant, que dit ton camarade, ton officier d'artillerie ? Est-ce un homme instruit ? Pourrais-je lui confier l'instruction de mon artillerie ? — Oui, seigneur, et je me rends garant qu'il ferait honneur au corps dans lequel il sert. Il mériterait, j'en suis sûr, par son zèle, son dévoûment et sa

capacité la confiance dont vous daigneriez l'honorer.
— Dans ce cas, tu peux lui écrire, et s'il accepte ma
proposition, engage-le à partir le plus tôt possible, il
aura les mêmes appointements que toi.

De retour à Constantinople, je m'empressai d'écrire
à M. Corsi qui se trouvait alors à Dijon, et je lui trans-
mis la proposition de Sa Hautesse. Quelques semaines
après, sa réponse m'apprit que sa famille ayant sollicité
et obtenu de S. M. le Roi de Sardaigne, la permission
de rentrer dans ses foyers, il se voyait, avec infiniment
de regret, dans l'impossibilité d'accepter l'honorable
proposition de Sa Hautesse. Il me chargeait de mettre
à ses pieds l'hommage de sa respectueuse reconnaissance.

Quand je communiquai cette nouvelle au Sultan, il
eut la bonté de me dire : C'est fâcheux, nous eussions,
je crois, fait une bonne acquisition, et il eût pu nous
être utile. — De mon côté, je déplorai vivement la circonstance qui me privait d'avoir auprès de moi, un
compatriote qui, comme officier, eût honoré son arme
et son pays, et comme ami m'eût ouvert un cœur où
j'eusse pu déposer mes plaisirs et mes peines, comme
nous le faisions réciproquement à l'époque où nous
vivions en Espagne.

Vers le même temps, j'obtins de la faveur du Sultan,
au profit de la marine Sarde, un acte de haute protection dont je dois faire mention. A la suite de la

catastrophe de Navarin, Portew-Effendi, ministre des affaires étrangères, ne consultant que sa haine pour les chrétiens, conseilla au Sultan de mettre l'embargo sur les navires marchands des différentes nations européennes naviguant dans la mer Noire. S'il eût borné la mesure aux navires portant les pavillon de la France, de l'Angleterre et de la Russie, on eût pu comprendre cet acte de colère. Mais, je ne pouvais m'expliquer qu'une pareille vengeance s'étendit sur les navires sardes. Cependant comment sans compromettre ma position et même sans nuire à mes compatriotes, faire au Sultan une réclamation directe? Il me fallait attendre une occasion, ou la faire naître avec adresse. Voici comment je m'y pris :

Un jour, j'étais avec Mustapha-Effendi dans son cabinet séparé par une mince cloison seulement de celui de Sa Hautesse. En élevant la voix, on était sûr que le prince pourrait entendre tout ce qui se disait. C'est ce qui arriva. Après avoir roulé d'abord sur l'instruction de la cavalerie, la conversation arriva bien vite à la politique. Je commençai par blâmer la conduite des trois flottes alliées à la bataille de Navarin. Je tâchai de faire comprendre à mon interlocuteur que la France et l'Angleterre avaient joué le jeu de la Russie qui seule bénéficiait de la catastrophe. Mustapha-Effendi, qui voyait les choses du même œil que Portew-Effendi, me dit : Etes-vous assez aveugle pour ne pas voir dans le fatal événement de Navarin le prélude d'une croisade générale contre l'empire Ottoman ? on veut nous expulser de l'Europe.

Elevant alors la voix, je lui dis : Convenez que vous faites bien tout ce que vous pouvez pour la provoquer cette croisade générale dont vous parlez. En vertu de quel droit avez-vous frappé d'embargo les navires neutres, les Sardes notamment ? devez-vous être surpris si par cet acte impolitique vous rangez au nombre de vos ennemis les puissances neutres ? Vous étiez sur un pied amical avec la Sardaigne. En retenant de force une grande partie de ses navires, vous rompez vos relations avec elle ; elle vous déclarera la guerre ainsi que les autres puissances dont vous avez outragé le pavillon. Tout au moins on vous réclamera des dommages-intérêts.

Au moment où j'ajoutais : et alors le regret de quitter le service du Sultan .... le prince entra dans le cabinet et se fit répéter ce que je venais de dire à Mustapha. Encouragé par le calme avec lequel il écoutait mon drogman, je lui plaçai sous les yeux le sombre tableau que mon imagination entrevoyait.

Alors Mahmoud, convaincu de l'erreur de ses ministres, ordonna à Mustapha d'écrire à l'instant à la Porte pour que le Reis-Effendi, ministre des affaires étrangères, fît délivrer dans la même journée des firmans à tous les navires sardes retenus dans le port au nombre de 90 environ, pour qu'ils pussent continuer leur navigation. Ils étaient, pour la plupart, chargés en céréales dont manquait alors l'Italie et une grande partie de la France, à ce que j'appris plus tard. Les navires des autres nations neutres ne furent libres que longtemps après. Trente années se sont écoulées depuis cette époque, et aujourd'hui je puis dire tout haut que le commerce sarde dut au sentiment patriotique inné dans le cœur de tout honnête homme, même dans celui d'un proscrit, une faveur qui lui procura de grands bénéfices.

Le gouvernement Sarde induit en erreur à cette époque, récompensa de ce service un personnage qui, qu'elle qu'ait pu être sa bonne volonté, y fut complètement étranger. C'est toujours le : *sic vos non vobis*, du poëte latin. Mahmoud qui savait avec quelle ardeur j'employais sa bienveillance au profit de mes compatriotes dans toutes les circonstances où elle pouvait être réclamée, s'imaginait toujours que je finirais par recevoir de mon gouvernement une marque d'estime qui m'était bien due. Il savait les motifs politiques qui m'avaient fait expatrier et il croyait, vivant en bons termes avec la Sardaigne, que par égard pour lui, quand un motif de justice ne fût pas venu s'y joindre, on finirait par me prouver que mes torts (si j'en avais eu) étaient oubliés. Irrité à la fin de se voir trompé dans son attente, il s'en prit à M. le marquis de

Gropallo alors ministre de Sardaigne près la Porte, qu'il croyait capable de me desservir auprès du Gouvernement Sarde. Ce fut en vain que j'essayai de le détromper. Il me défendit d'avoir aucune relation avec cette légation. Je me permis un jour de lui faire observer que, même en admettant le mauvais vouloir de M. Gropallo, il y aurait une véritable injustice à étendre la complicité de ce mauvais vouloir à M. Truqui, consul général et aux autres employés sardes ; qu'en m'isolant de tous mes compatriotes je pouvais nuire à l'avenir de mon fils ; que je lui serais donc infiniment obligé de me permettre de les voir au moins quelques fois. Enfin pour dernière grâce, je sollicitai de son inépuisable bonté l'autorisation d'inviter M. le consul et ses subalternes à venir dîner dans mon petit kiosque de Gulkané !

Mahmoud me répondit avec un charmant sourire : Eh bien ! soit, je t'y autorise, puisque cela peut te faire plaisir, mais à une condition, c'est que tu n'inviteras pas le ministre. Je prends la dépense à mon compte, *excepté les vins*, dit-il en riant.

Sur ce, j'écrivis un billet d'invitation nominatif à M. Truqui et à chacun de ses employés. Au jour désigné, ces messieurs s'embarquèrent à Top-Kané sur une chaloupe de la légation, et pavillon déployé, vinrent aborder au débarcadère de Gulkané. De la terrasse je fus très-surpris de distinguer, parmi mes convives, M. Gropallo. J'envoyai aussitôt Antoine en informer Mustapha-Effendi afin d'éviter tout malentendu. Il en rendit compte au Sultan, qui lui dit : C'est bien, fais dire à Rustem-Aga qu'il se promène après le dîner sur la terrasse avec ses convives, je m'y rendrai et les verrai en passant.

Le dîner fut très-gai. Nous bûmes à la santé de S. M. Sarde. Après le café, nous nous rendîmes sur la place de Gulkané. Mahmoud y vint à cheval et s'arrêta devant nous. Il fit appeler M. Chirico, premier interprète de la légation, vieillard qu'il connaissait personnellement et il lui dit: M. Chirico, je te charge de dire à M. le Ministre, que si nous avons dérogé aujourd'hui à l'étiquette, ce n'a été que dans le but de plaire à notre Rustem-Aga. Vous a-t-il bien traités? Il dit ensuite à Mustapha-Effendi : « Donne l'ordre au concierge d'ouvrir le kiosque à ces messieurs afin qu'ils le visitent. » Puis, Sa Hautesse nous quitta en me faisant un clin d'œil très-expressif.

Il fut, longtemps après, question de demander aux puissances amies des officiers d'artillerie pour l'instruction des troupes de cette arme. J'étais présent. On ne voulait pas s'adresser au gouvernement français pour telle raison, à l'Autriche pour telle autre. Les Anglais étaient dédaignés. Quant à la Russie, il n'y fallait pas songer. On n'avait à opter qu'entre la Prusse et la Sardaigne. Interpellé, j'employai toute ma rhétorique à faire pencher la balance en faveur de la dernière. J'exaltais de mon mieux les mérites de l'artillerie piémontaise. — « C'est tout naturel, dit Mahmoud en m'interrompant avec un sourire quelque peu ironique; tu prêches en faveur de tes compatriotes; c'est très-louable. Ton gouvernement Sarde fait tant pour toi! tu en es si considéré! »

En résumé, la Prusse eut la préférence. Mahmoud revenait souvent sur ce sujet, et il saisissait toutes les occasions de faire pièce à M. le marquis de Gropallo qu'il me supposait défavorable. C'est ainsi qu'un jour il me fit cadeau d'un superbe ananas tiré des serres de Jadilsh-Kiosque en me recommandant de le faire voir à M. Gropallo, *sans le lui donner,* ajouta-t-il malicieusement. Celui-ci eut à répondre à un autre de mes protecteurs, M. le général Guilleminot, voici comment.

En 1830, M. le ministre de Sardaigne obtint un congé de son gouvernement. Quelques jours avant son départ pour Gênes, il reçut une invitation à dîner de M. l'ambassadeur de France. J'assistais à ce dîner. M. le général Guilleminot, qui n'ignorait pas l'affaire des navires sardes, exprima, en ma présence, au marquis de Gropallo sa surprise de ce que moi, le véritable et heureux solliciteur auprès du Sultan, je n'avais pas été récompensé d'un service aussi important. Il lui fit comprendre qu'au moment de quitter Constantinople pour n'y plus revenir, très-probablement, il devait, en conscience, m'écrire à ce sujet une lettre officielle, et qu'à son arrivée à Turin, il était de son devoir de parler en ma faveur à Sa Majesté.

Le marquis ne pouvant plus reculer, m'écrivit en effet le lendemain la lettre suivante, dont le lecteur appréciera la réserve :

Péra, ce 10 mai 1830.

Monsieur le chevalier Calosso,

« Sur le point de profiter d'un congé que le Roi a
« bien voulu m'accorder, je ne puis quitter Constanti-
« nople sans vous témoigner la satisfaction que j'ai
« éprouvée de la noble conduite que vous avez tenue
« depuis le premier moment de votre arrivée ici. Votre
« position auprès du Sultan vous mettant dans le cas
« de faire connaître à l'occasion toute l'étendue et
« la sincérité de l'amitié de notre Cour envers Sa
« Hautesse, vous n'avez jamais cessé d'y travailler
« avec zèle, comme j'ai eu souvent occasion de le
« vérifier par mes yeux. Vous avez montré par là,
« M. le Chevalier, que tout en servant le digne empereur
« d'Orient, vous ne pouviez négliger les intérêts de
« notre auguste souverain et ceux de notre patrie.

« Je ne manquerai pas, je vous assure, de représenter
« à S. M. combien vous avez mérité sa bienveillance,
« et j'aime à espérer qu'elle saura, dans sa justice, vous
« faire éprouver les effets de sa bonté.

« La lettre que j'ai l'honneur de vous écrire vous
« sera toujours une preuve incontestable du prix que
« j'attache aux services que vous avez rendus ; c'est
« pourquoi je vous engage à la conserver.

« Agréez, M. le Chevalier, l'expression de l'estime
« très-distinguée avec laquelle j'ai l'honneur d'être,

      « Votre très-humble et obéissant serviteur,

        « *Signé :* Marquis Vincent Gropallo »

M. le général Guilleminot, comme on a pu s'en
convaincre, m'honorait d'une bienveillance active et
m'accordait, en toute occasion, une protection très-effi-
cace. De mon côté, je saisissais avec ardeur toutes les
occasions de lui prouver par des actes tout mon zèle
et toute ma reconnaissance. Je vais raconter dans le
chapitre suivant une anecdote qui établit comment je
m'efforçais de concilier mes devoirs envers le Sultan
avec ma sympathie pour la France et ma respectueuse affection pour son digne représentant auprès de
la Sublime-Porte.

CHAPITRE VII.

**La révolution de Juillet et le drapeau tricolore.
— L'armée ottomane.**

La brusque nouvelle de la révolution de Juillet 1830 mit à Constantinople toute la diplomatie en émoi. C'était en quelque sorte une insurrection contre les traités de 1815 et une attaque à la Sainte-Alliance qui les avait décrétés. Mille intrigues furent ourdies contre le nouveau gouvernement et contre son représentant qui, après avoir officiellement annoncé à la Porte le changement de dynastie, avait fait arborer le pavillon tricolore sur le palais de l'ambassade à Thérapia.

Alors les légations ennemies des trois couleurs, insi-
nuèrent au Reis-Effendi que « le nouveau gouvernement
« français n'aurait qu'une existence éphémère, comme
« celle du gouvernement des cents jours, en 1815. La
« Sainte-Alliance ne pouvait manquer de s'armer et de
« marcher de nouveau contre la France pour rétablir la
« branche aînée des Bourbons sur son trône. La France
« légitimiste allait se soulever et tout serait remis en
« question. »

On insinua également aux ministres de la Porte qu'en
permettant au pavillon tricolore de flotter sur son terri-
toire, ce gouvernement se compromettrait aux yeux de
la Sainte-Alliance et se rendrait *complice de l'usurpation.*

Ces propos répétés sous toutes les formes parvinrent à
effrayer le Reis-Effendi qui, inquiet de la responsabilité
qui allait peser sur lui, en référa au Sultan. Une note
alors dut être dressée à l'ambassadeur de France pour
qu'il eût à amener de bon gré le pavillon tricolore ;
sinon le gouvernement emploierait la force. La chose,
comme on voit, prenait une tournure fort grave.

Sur ces entrefaites, le Sultan ordonna une grande
revue dans la plaine de Santo-Stefano où étaient
campés vingt-mille hommes environ. Tout le corps diplomatique y fut invité et un grand dîner devait lui
être servi après les évolutions. Le Général Guilleminot
descendu de Thérapia à Péra pour être plus à portée
des affaires, y était tombé malade.

Comme ma maison touchait au palais de France, je fus aussitôt informé de l'indisposition du général, et je fus le voir avant de partir pour le camp. — Vous venez à propos, me dit-il, mon cher Calosso ; je pensais à vous faire prier de m'accorder quelques moments avant de vous rendre à Santo-Stefano. J'ai fait prévenir que j'étais malade, et il serait possible que la malveillance cherchât à faire croire à une maladie de commande. Voyez, me dit-il, en découvrant sa cuisse et me montrant un furoncle énorme qui le retenait au lit. Si par hasard le Sultan attribuait mon absence à tout autre motif et qu'il vous en parlât, ou que vous l'apprissiez par une autre bouche, je serais bien heureux que vous voulussiez bien rectifier l'opinion de sa Hautesse, surtout que vous lui disiez ce que vous venez de voir. — Je le lui promis et je le quittai.

Après avoir donné mes instructions aux colonels de ma cavalerie, je me rendis au kiosque du Sultan. Mahmoud allait monter à cheval, je me présentai pour le saluer. Une fois en marche, il me fit appeler et me dit : — Tout est-il prêt ? tous les ambassadeurs sont-ils dans leurs pavillons ? — Oui, Seigneur, toutes les troupes sont sous les armes ; quant aux ambassadeurs, ils sont trop polis sans doute pour se faire attendre.— Ils y seront tous, sauf Guilleminot qui s'est fait malade, et il a bien fait de trouver ce prétexte ; cela le dispense de se présenter sans cocarde puisqu'il ne peut prendre ni la blanche, ni la tricolore. — Je prends la liberté, Seigneur, d'affirmer que le général est réellement malade à Péra, et j'oserai vous dire qu'on vous a indignement induit en erreur.

A ces réponses faites avec l'assurance que donne la certitude d'être dans le vrai, Mahmoud arrêta brusquement son cheval, et me regardant d'un œil sévère il reprit: — « Tu m'as toujours dit la vérité, Rustem-Bey, et cette fois-ci.......? » — Cette fois aussi, Seigneur; je vous jure sur l'honneur *alim-allah!* (imprécation sacrée pour tout Musulman) que ce matin même j'ai vu le général au lit, et souffrant d'un énorme furoncle à la cuisse. — *Allah! allah!* exclama le Sultan en se remettant en marche, et je lui entendis répéter de sa voix profonde: Quels intrigants! quels intrigants!

Après avoir passé la revue des troupes, sa Hautesse fit exécuter les évolutions en présence du corps diplomatique. Elle me tint auprès de sa personne, toutes les fois que la cavalerie n'exigeait pas ma présence ailleurs. Mahmoud était sombre, pensif et je remarquai qu'il évitait avec soin d'approcher des pavillons des légations.

Après le défilé des troupes, le corps diplomatique se réunit sous le grand pavillon où allait être servi le dîner, et Mahmoud rentra à son kiosque où je le suivis. Chemin faisant, il me donna quelques ordres; puis il me dit : Tu dîneras avec les diplomates ; j'irai les voir

au dessert. — Seigneur, si vous daignez me le permettre, je préfère rentrer à Péra. — Bien ! vas-y. Verras-tu
le général ce soir ? — Oui, seigneur, puisque vous avez
la bonté de me le permettre. — Que lui diras-tu ? —
Ce que vous m'ordonnerez, seigneur. — Ma foi, dis-lui
tout. Il vaut mieux qu'il soit instruit par toi. — D'autant plus, seigneur, que ce matin même il avait le
pressentiment de ce qui est arrivé. — Vraiment ? —
Mai oui, seigneur, il m'en a parlé.

Je pris alors congé du prince et j'allai voir le malade
auquel je racontai tout ce qui s'était passé.— « Je l'a-
vais pressenti, dit-il, et vous remercie de vos bons
offices. Mais, mon cher, tout n'est pas encore fini. Je
vous dirai confidentiellement que la Porte menace
d'envoyer la force armée à Thérapia pour faire amener
le pavillon, si je ne l'amène moi-même de bon gré, et
vous devez supposer que je vais m'y faire trans-
porter (1). Il faut donc, à tout prix, conjurer l'orage et
même l'emporter sur nos ennemis. » — Dites, général,
que faut-il faire? — Vous comprenez qu'en faisant respecter notre ancien drapeau, il faut empêcher la Porte
de faire une sottise, une grande sottise. — Oui, sans
doute.— Pouvez-vous, sans vous compromettre, accom-

(1) Les ambassadeurs ne font flotter leurs pavillons que sur leurs palais
de Thérapia et de Buyuk-Déré, et jamais à Péra. C'est pour avoir occasion
de déployer son pavillon tricolore que le général me disait : *Vous devez
supposer*, etc. etc.

pagner, demain, M. Jaubert à Santo-Stefano (1) et le faire aboucher avec Mustapha-Effendi ? — Certainement, mon général, je le ferai, même au prix de ma position. — J'espère que vous ne courez aucun risque et je compte sur vous. A demain donc. »

Le lendemain, au point du jour, je m'embarquai avec M. Jaubert sur le bateau de l'ambassade, et nous arrivâmes de bonne heure, favorisés par les courants, au kiosque impérial. J'allai sur-le-champ frapper à la porte du cabinet de Mustapha qui réveillé en sursant, crie : « Qui est là ? » — C'est moi, Rustem-Bey. — Comment ! de si bonne heure ? qu'y a-t-il donc de si pressant ? »

(Je ferai remarquer qu'au sérail, on se lève, en été, au point du jour comme dans les autres saisons. On fait les ablutions, le *namas* — la prière ; — on fume la pipe en prenant le café, puis on se recouche jusqu'à neuf heures. Jusqu'à cette heure le plus profond silence est observé). Les domestiques veulent m'empêcher de déranger leur maître, à une heure indue ; cependant Mustapha, en négligé, ouvre sa porte, et se trouvant en face de M. Jaubert qu'il connaissait à merveille et dont il soupçonne la mission, il me lance un regard furieux.

(1) M. Jaubert, le célèbre orientaliste, était venu à cette époque à Constantinople chargé d'une mission. Il était bien connu au sérail et Mahmoud appréciait son savoir.

« Dans l'intérêt du Sultan, lui dis-je, sans me décon-
certer, il est urgent que vous accordiez un moment
d'entretien à M. Jaubert ; après cela, vous jugerez si
j'ai mérité votre colère. »

Nous entrâmes et la discussion s'engagea. Mustapha
se défendit longtemps. Enfin, ébranlé par les arguments
de son interlocuteur, il veut prendre les ordres du Sultan, et malgré l'heure matinale, il entre dans le cabinet
impérial. Mahmoud apprenant que j'accompagnais M.
Jaubert, se souvint sans doute de notre entretien de la
veille. Il me fit appeler en même temps que le savant
orientaliste. Je lui expliquai de mon mieux toute la
gravité de la mission qui avait amené de si bonne heure
M. Jaubert en sa présence. Alors celui-ci peignit à sa
Hautesse en termes de langue arabe que tous deux
possédaient à merveille, les dangers qu'il y aurait à
insister sur l'exécution des ordres donnés au sujet du
Pavillon : Mahmoud l'écouta tout du long avec une
patience et une bonté admirables et comprit fort bien
toute la question.

Pendant ce temps-là Mustapha discutait avec moi,
et comme il ne voulait pas entendre raison, je me
permis de lui dire : « Dans ce cas, dussé-je perdre
« la faveur du Sultan, on me verra défendre le drapeau
« sous lequel j'ai eu l'honneur de servir la France. »
Le bon Mahmoud m'ayant entendu sans se fâcher de
mon imprudence et de ma hardiesse, me dit en sou-

riant: « Je te reconnais bien là, fidèle serviteur de
« Napoléon. » — Après quoi il promit à M. Jaubert
de ne-pas donner suite à ses premiers ordres, et il le
chargea d'assurer le général Guilleminot que toute
cette affaire s'arrangerait à l'amiable.

Sur ce, nous fûmes congédiés et en quittant le kiosque, nous reprîmes la mer pour retourner à Péra,
enchantés de notre succès. Je n'ai pas besoin de dire
que l'ambassadeur fut lui aussi charmé de voir se ter-
miner ainsi une affaire qui eût pu avoir les suites les
plus funestes. De son côté, j'en suis certain, le Sultan
me sut bon gré de l'avoir éclairé sur les intrigues qui
s'agitaient autour de lui.

Après cette longue digression, je reviens à mes travaux d'organisation de la cavalerie. J'ai dit que j'étais
parvenu à former quatre régiments de la garde. Je
m'occupai ensuite de former deux régiments dans la
ligne, également à six escadrons. Les cadres étaient
pris dans la garde. Il fallait après cela, alimenter ces
six régiments par des recrues qu'aidé de mes meilleurs
élèves, je devais instruire au fur et à mesure qu'elles
m'arrivaient.

Sa Hautesse ayant ordonné que les anciens spahis
fussent organisés par pachalik, elle m'en confia aussi
la formation et l'instruction d'après la nouvelle tactique.

Afin d'en rendre le commandement plus facile, je ne
formai (avec l'autorisation souveraine bien entendu)

les régiments qu'à quatre escadrons. Ce fut l'objet d'un long et difficile travail ; encore n'arrivai-je qu'à des résultats médiocres, n'ayant à ma disposition que des éléments fort malaisés à combiner. Néanmoins, à force de soins et de persévérance, je pus, au bout de cinq années, c'est-à-dire en 1835, ajouter à l'effectif de la cavalerie régulière, seize régiments de spahis, soit soixante-quatre escadrons complets. Il est bien vrai qu'il me fut impossible de soigner la tenue, l'instruction, l'uniformité surtout de cette troupe, comme je l'aurais désiré.

Ne recevant pas de solde en temps de paix, elle ne fournit pas de service permanent. Elle est montée à ses frais ; l'armement, l'équipement, le harnachement lui sont fournis par l'état. J'obtins du Sultan que chaque printemps, quatre de ces régiments seraient, à tour de rôle, réunis à Constantinople, afin d'y être exercés aux évolutions de ligne. Ce service pendant lequel (quatre mois), les spahis avaient droit aux vivres et fourrages était très-pénible pour moi et pour mes aides, puisque chaque année, il fallait le recommencer.

Malgré les pertes énormes que la cavalerie turque essuya dans les campagnes de 1828-1829 contre l'armée russe, et de 1832-39 contre l'armée égyptienne, sans parler des guerres civiles de l'Albanie et du Kurdistan, la Porte ne se découragea pas ; et Mahmoud par sa

constante sollicitude et sa fermeté, parvint à réparer ces
pertes au moyen de nouvelles recrues.

Cette armée, à laquelle il ne manque que de bons
généraux (il n'entre pas dans les attributions des
instructeurs de les former); est susceptible de grandes
choses, le jour où elle sera bien commandée et surtout
honnêtement administrée.

On a souvent parlé des désordres et du pillage admi-
nistratif de l'armée russe. L'armée turque (de mon
temps au moins) offrait assurément des désordres non
moins grands. Et c'est là un des malheurs du despotisme.

Le soldat musulman a toutes les qualités requises
pour former une excellente troupe : il est sobre, patient,
obéissant, par suite de son éducation religeuse ; il est
facile à discipliner et son intelligence bien dirigée le
rend propre à tout. La première condition à exiger des
chefs, est de payer de leur personne et d'inspirer confiance au soldat en le protégeant contre la rapacité des
administrations des vivres.

En général, les officiers ont en théorie des connaissances très-bornées, mais ils suppléent à ce qui leur
manque par leur intelligence dans l'école pratique.
Voici, à l'appui de ce que j'avance, un fait qui me
revient en mémoire. Un de mes élèves itch-oglans,
jeune homme complètement illettré, le seul parmi ses
camarades du sérail qui ne sût ni lire ni écrire, était

devenu colonel d'un régiment de spahis, pendant la campagne de 1829. Lors du passage des Balkans par l'armée russe, il fut oublié avec son régiment par le vizir dans une position éloignée de la route. L'ennemi, sans s'en douter, l'avait dépassé dans sa marche offensive. Le colonel de spahis ne recevant pas d'ordres, et informé par ses patrouilles de la position fâcheuse où on l'avait laissé dans le mouvement de retraite, se résolut à rejoindre, à tout prix, l'armée du vizir.

Ayant fait ses dispositions, il se met en marche ; au débouché d'un petit vallon, il reconnaît un camp d'infanterie russe. Retourner sur ses pas et rallier la garnison de Schumla était peut-être chose possible, mais cela répugnait à son jeune courage. A droite comme à gauche, il ne voit que des montagnes à pic ; il faut tenter de passer ou se rendre. Il se souvient alors d'une réponse que je lui avais faite l'année précédente (il était alors chef d'escadron du premier régiment de la garde), à la question de savoir dans quel ordre de combat on devait se tirer d'affaires dans un cas exactement identique. J'avais répondu qu'il fallait se former en colonne serrée et marcher au galop (le terrein le permettant) sans s'arrêter, sabrer tout devant soi et sauver ainsi, avec le moins de pertes possible, le drapeau et l'honneur du régiment.

Le vaillant jeune homme exécuta ce mouvement avec une rare audace et un tel bonheur que les officiers russes ne purent s'empêcher de l'admirer. Le colonel perdit une trentaine d'hommes sur les quatre escadrons tant par le feu de l'infanterie que par le sabre de la cavalerie légère contre laquelle il eut à lutter aussi avant d'atteindre l'arrière-garde de l'armée du vizir; mais il échappa à la honte de mettre bas les armes.

Après la paix d'Andrinople, un major commandant un bataillon de l'infanterie russe que j'ai eu l'occasion de connaître à Constantinople, m'a lui-même raconté ce trait d'audace dont il avait été témoin. Le vizir Reschid-Pacha, homme juste et consciencieux, en ayant fait son rapport au Sultan, le jeune colonel fut promu au grade de *liva* (major-général). Son nom est Derboor-Reschid-Pacha. Rentré dans la garde à la tête de sa brigade, il se distingua contre les Kurdes, fut nommé *férik* (lieutenant-général) et, en 1843, il fut par intérim séraskier (ministre de la guerre). Il a depuis commandé toutes les troupes de la garde.

Lorsque je quittai Constantinople, en 1843, on pouvait évaluer l'effectif de l'armée Ottomane, à cent-quatre-vingt mille réguliers. Et cette armée, je puis l'affirmer, coûte à la Porte presque le double de ce que coûterait une armée européenne d'égale force numérique. Le militaire de tout grade en activité, reçoit intégralement et, sans aucune espèce de retenue, ses appointements ou sa paye, qu'il soit présent, en congé, ou à l'hôpital. Le gouvernement fournit, depuis le grade de capitaine jusqu'au soldat, d'abord une grande tenue qui doit durer quatre ans; puis, chaque année, deux petites tenues, l'une d'hiver, l'autre d'été; les effets de linge, chaussure et équipement, sans fixation de durée. Le soldat musulman est (après l'Anglais), le mieux nourri de l'Europe.

C'est à Constantinople que l'on peut voir les casernes les plus belles, les plus vastes et les mieux construites. Elles sont presque toutes bâties sur des points culminants, entretenues dans un admirable état de propreté et de salubrité. Celle de Sélimié à Scutari, peut loger dix mille hommes et six cents chevaux; celle de Ramid-Tchiff-Telik, huit mille; Davoud-Pacha, six mille; celle du grand-champ à Péra, peut recevoir dix mille hommes et mille chevaux; Coulély, une brigade de cavalerie; les quatre casernes de l'intérieur, environ vingt mille hommes et mille cinq-cents chevaux.

Les grands corps-de-garde de la ville, des faubourgs et du Bosphore sont d'admirables constructions. Ceux du Bosphore surtout, sont vastes et peuvent loger un bataillon chacun.

Dans toutes les casernes, il existe un pavillon meublé, exclusivement destiné au Sultan. On le reconnaît au toit couvert en plaques de plomb comme le sont les habitations impériales. Le peuple musulman est, sans contredit, le plus propre de la terre, dans son habitation et surtout dans ses casernes. La loi du

Koran qui commande les ablutions, permet d'entrer à toute heure dans une caserne sans être incommodé des émanations méphitiques qui rendent les nôtres si malsaines et si désagréables. La garnison de la capitale, Scutari ; le Bosphore compris, est ordinairement de trente-cinq à quarante mille hommes, la garde comprise aussi.

CHAPITRE VIII.

Suite du même sujet. — La campagne de 1832 contre Méhémet-Ali. — Désordres et pillages des chefs.

Lors de la rupture avec le pacha d'Egypte, en 1832, la Porte mit en campagne une armée de quarante mille hommes environ, qui furent placés sous les ordres d'Hussein-Pacha. Ce fut alors que Mahmond me permit de rejoindre l'armée avec une brigade de lanciers de la garde, destinée à renforcer les autres brigades déjà réunies au camp de Koniah. J'ai regret de le faire, mais je suis obligé d'accuser, en cette circonstance, quelques officiers généraux et supérieurs de ma cavalerie, moins de fort mauvais procédés à mon égard, que d'un esprit de pillage et de rapine qui allait jusqu'au scandale.

Hussein-Pacha, d'une bravoure aussi éclatante que son incapacité était notoire, avait été très-utile à Mahmoud lors du massacre des Janissaires dont il était l'*aga* (le chef). A titre de reconnaissance, sans doute, et peut-être aussi dans la persuasion d'une capacité qu'il n'avait pas, le Sultan lui donna le commandement d'une armée que le séraskier Kosrew-Pacha venait de réunir et de pousser contre son ennemi personnel, Méhémet-Ali. Je partis dans l'espoir d'être utile à mon bienfaiteur à l'armée, comme j'avais eu le bonheur de l'être pendant la paix. En ma présence, le Sultan donna aux pachas et colonels de la cavalerie, les ordres les plus formels d'avoir à écouter mes conseils et de me consulter dans toutes les opérations que la cavalerie aurait à exécuter, et cela sous des peines sévères, en cas de désobéissance. Je crus pouvoir, d'après cela, compter sur leur docilité à se laisser guider par le peu d'expérience que j'avais acquise dans les grandes guerres de l'Empire.

Les premiers jours ne furent marqués par aucun acte de désobéissance. Les marches se faisaient d'après les principes. Mais à mesure que nous nous éloignions de la capitale, mes conseils n'étaient plus écoutés des chefs; en revanche, jétais assailli des réclamations des sous-officiers et des soldats. Je fis des représentations amicales ; on n'en tint compte. Je rendis compte de tout ce désordre au général en chef de la garde, Achmet-Pacha, à Constantinople. Mon rapport, au lieu de partir pour la capitale, par la voie des courriers de l'armée, fut intercepté par les intéressés. Je m'adressai à Hussein-Pacha qui, tout en reconnaissant la vérité de mes réclamations, ne pouvait, n'osait et peut-être ne voulait pas sévir contre les coupables. Après quinze jours passés au camp de Koniah, sous une chaleur de trente à trente-cinq degrés Réaumur, je tombai malade, accablé de soucis, abreuvé d'amertumes et de persécutions inouies. Une inflammation des vases sanguins menaçait ma vie.

J'obtins d'Hussein-Pacha la permission d'aller me faire soigner à Syllée, village situé dans une vallée au pied de la montagne où était l'hôpital militaire. Le médecin du premier régiment de cavalerie, jeune italien qui me donnait des soins, instruit des dangers que je courais de la part de mes ennemis qui avaient voulu se débarrasser de moi en corrompant mes domestiques, alla sans m'en rien dire, rendre compte de cette perfidie au général en chef. Celui-ci ordonna à son quartier-maître de me délivrer un ordre de retour à Constantinople où je pourrais mieux soigner ma santé. Il avait la certitude encore que j'y serais plus utile au Sultan qu'à l'armée où ma voix était devenue impuissante. Je repris donc le chemin de la capitale, et à la fin de juillet, j'y rentrai après une absence de trois mois.

Deux jours après mon retour, je me présentai au séraskier, Kosrew-Pacha que j'avais informé de mon arrivée. Je lui racontai toutes les vilénies, tous les désordres dont j'avais été ou l'objet ou le témoin, et je fus bien surpris de l'entendre me dire, lui séraskier !

— « Que tu es simple, Rustem-Bey ! Tu te plains que
« les soldats soient volés ! mais, mon cher, tous les
« chefs volent leur troupe quand ils le peuvent. Moi-
« même, je vole. Et ces mêmes officiers subalternes et
« soldats qui t'obsédaient de leurs plaintes, eh bien !
« ils auraient volé comme leurs chefs, s'ils avaient été
« à leur place ! »

Après ce cynique aveu de sa rapacité, Kosrew m'ordonna de rédiger un rapport pour Sa Hautesse. Il me recommanda de n'y ménager personne ; lui se chargeait de le faire traduire en langue turque pour être remis au Sultan par moi-même. Il me conseilla de ne pas me présenter au sérail sans ce rapport, car mes ennemis, me disait-il, m'y avaient fait précéder par la calomnie. Le rusé Kosrew avait ses raisons pour me parler ainsi. Kosrew était l'ennemi de Mustapha-Effendi lequel n'était nullement partisan de la guerre que l'on faisait à Méhémet-Ali, tandis que Kosrew, au contraire, y avait, de toutes ses forces, poussé le Sultan. Il s'agissait pour lui de venger l'affront que lui avait fait autrefois Méhémet-Ali en le chassant du gouvernement de l'Egypte qu'il avait alors.

Qui eût pu croire qu'un grand dignitaire si haut placé aurait eu la bassesse de se prévaloir de mon rapport pour perdre son antagoniste Mustapha dans l'esprit de son maître, en intercalant sous mon nom, et à mon insu, dans le rapport des griefs contre lui?

Le lendemain du jour où je confiai à l'honneur du séraskier mon rapport pour en faire faire la traduction, M. Blaque, rédacteur du *Moniteur Ottoman*, honnête français avec lequel j'étais lié d'amitié, vint m'apporter la perfide traduction que Kosrew lui avait ordonné de me remettre et que je n'eus pas le temps ou l'occasion de me faire lire avant d'y apposer mon cachet. M. Blaque avait ordre de me presser et de ne pas me quitter avant que Mahmoud eût reçu mon rapport. M. Blaque ne lisait pas plus que moi la langue turque; il ignorait le contenu de la pièce dont il était porteur, et certainement il avait trop d'honneur et de délicatesse pour prêter les mains à une infamie; je me plais à rendre cette justice à sa mémoire.

Arrivé au sérail, je fus bien reçu par Ackmet-Fewzy-Pacha qui y était de service. C'était un de mes anciens élèves. Contrairement à mes vieilles habitudes cependant, il me proposa d'attendre qu'il m'eût annoncé avant de me présenter au Sultan. Aussitôt que Mahmoud me sut au palais, il voulut me voir, et comme il était sur le point de monter à cheval pour aller sur les hauteurs du jardin y respirer l'air frais du Bosphore, je le rencontrai à la porte; — Rustem-Bey! Rustem-Bey! exclama ce bon prince en me revoyant; ah! comme tu as maigri! tu as donc été bien malade? — Oui, seigneur, malade et maltraité par des ingrats. — Par qui donc? Que tiens-tu à la main? Qu'est-ce que ce papier? — Seigneur, c'est un rapport que je prends la liberté de vous remettre. Il est urgent que vous sachiez, seigneur, ce qui se passe à l'armée.— Vraiment! prends-le, Mustapha-Effendi, nous lirons cela là haut. A propos, Rustem-Bey ne connaît pas encore mon nouveau palais de Beyber-Bey. Et se tournant vers Salif-Effendi, officier de service, il lui ordonna de me conduire partout, et il me dit en montant à cheval de revenir le lendemain. Cette scène avait lieu à midi;— à deux heures, Mustapha-Effendi était aux arrêts sans communication à sa maison de Stavoros. Kosrew triomphait. A l'aide de mon rapport, il avait réussi à chasser son ennemi du sérail.

A mon retour au palais, le lendemain, j'appris que c'était moi qui avais provoqué la disgrâce de Mustapha. Stupéfait d'un pareil bruit, je veux me justifier, je dis que mon rapport ne contenait pas un mot qui eût rapport à Mustapha. — Cela peut être, Rustem-Bey, me dit un des initiés à ce mystère, cela peut être, et je le crois même. Qu'est-ce que cela prouve? C'est que le vieux Kosrew *s'est servi de votre patte*, comme on dit, *pour tirer les marrons du feu*. Maintenant il vous sera facile de vous disculper auprès du disgracié. — J'avais dans la poche la minute en français de mon rapport. Je la présentai à Namick-Pacha qui lisait cette langue et je le priai de la parcourir, l'assurant qu'il n'y trouverait pas un seul mot faisant allusion à Mustapha-Effendi. — C'est inutile, me dit Namik-Pacha, c'est inutile, Rustem-Bey. Je connais le contenu de votre rapport. Je connais toute cette intrigue. Vous avez été la dupe, j'ai regret de vous le dire, et Mustapha la victime de Kosrew-Pacha. Vos amis ont déjà eu soin d'éclairer celui-ci et de vous justifier de cette ignoble supercherie.

Je sus par la suite que Namick était du nombre de ces amis, et je lui en ai toujours été reconnaissant.

J'ai cru devoir exposer cette sale affaire, parcequ'elle peint dans un pays où le peuple est plein de vertus antiques, les fourberies et la duplicité des grands. C'est encore là une des tristes conséquences du despotisme. En faisant tout rouler sur une seule tête, pouvoirs, faveurs, fortune; en étouffant tout contrôle et toute publicité, il ouvre carrière à l'intrigue, au pillage et à tous ces vices des cours que les pays libres ne sopçonnent même pas

Mahmoud fit verser au trésor les sommes que Mustapha avait dans les caisses de son banquier Arménien. Quelque temps après, le Sultan ayant reconnu son innocence, le nomma pacha et lui confia le gouvernement de Tricala en Albanie. En 1837, il fut rappelé à Constantinople et élevé à la dignité de séraskier en remplacement de Kosrew. Durant les dix-huit mois que dura sa gestion, je n'eus qu'à me louer de mes rapports avec lui et ils étaient fréquents. Une seule fois il me rappela le passé ; encore ne faisait-il pas allusion à sa révocation. Il est des confidences (et il m'en fit de ce genre) qui bien que tardives, honorent le caractère d'un homme haut placé. Je ne présumais pas trop de la bonté du caractère de Mustapha-Pacha quand je déclarai dès le principe que s'il était un peu tracassier, ce favori n'était pas méchant.

Voici maintenant le texte du rapport au Sultan, tel que je l'avais remis au séraskier. Le lecteur pourra juger des altérations qu'il a fallu lui faire subir pour en faire sortir la disgrâce de Mustapha-Effendi.

A Sa Hautesse, le Sultan Mahmoud.

Sire,

« Votre majesté m'a permis de me rendre à l'armée
« et je suis parti avec joie, et pénétré du dévoûment
« que je professe pour la personne de V. M. je mettrai
« toujours mon bonheur et ma gloire à la servir.

« Revenu à Constantinople, Sire, je vous dois
« compte des motifs qui m'y ont ramené. Il a fallu
« qu'ils fussent bien graves pour m'éloigner de l'armée,
« avant que l'instant fût arrivé de me montrer sur le
« champ de bataille. C'est là que j'espérais prouver
« à V. M. les sentiments qui m'animent pour son
« service.

« Les soins que les soldats attendent de leurs chefs,
« la surveillance que ceux-ci doivent exercer par dessus
« tout sur le bien-être et la discipline des corps confiés
« à leur commandement sont les premiers devoirs des
« officiers-généraux et supérieurs. La conservation de
« l'armée en dépend.

« Les régiments de cavalerie de la garde auxquels
« Votre Majesté m'avait adjoint n'ont point vu leurs
« chefs donner ce bon exemple. A peine avons-nous
« été loin de la capitale, que l'esprit de dilapida-
« tion s'est emparé d'eux. Les colonels Awny-Bey
« et Moussa-Bey n'ont songé qu'a tirer parti de leur
« position à leur profit. La viande, le pain, le riz,
« l'orge, toutes les fournitures enfin étaint pour eux
« autant de moyens de s'enrichir aux dépens des sol-
« dats, en réduisant la ration des hommes et des
« chevaux de leurs régiments. Adgi-Ethem-Aga et
« Jussuf-Aga adjudants-majors, Osman-Aga, fourrier-
« général et le commissaire Saïk-Effendi prenaient
« part aux bénéfices de ces infâmes trafics.

« Des plaintes m'ont été portées à plusieurs reprises
« par des officiers, sous-officiers et soldats. Je fis aux
« chefs des représentations amicales. Elles furent
« mal accueillies. Je renouvelai mes instances en
« les prévenant que les soldats menaçaient de déserter
« et ne restaient au drapeau que dans l'espoir que je
« contribuerais à améliorer leur sort. Un rapport
« que je faisais à ce sujet à Achmet-Pacha à été inter-
« cepté. L'intérêt que je prenais aux soldats de V. M.
« devint le motif d'une haine violente de la part
« de ces officiers, surtout lorsque le colonel Awny-Bey
« eût rejoint à Koniah. Dès ce moment, ils me
« déclarèrent la guerre et me suscitèrent des ennemis
« dans tout le camp, surtout parmi les deux régiments
« d'infanterie de la garde. Mauvais traitements et
« calomnies, j'ai tout supporté parceque je ne voulais
« pas donner à l'armée le scandale d'une désunion
« déshonorante qui eût pu affaiblir la discipline.
« Mais convaincu que dans cette situation je ne pou-
« vais plus rien, ni pour l'avantage des régiments, ni pour
« le service de V. M. aux corps où elle m'avait attaché,
« je suis parti pour soigner ma santé et remplir du
« moins le devoir de dire la vérité et signaler des abus
« qui menacent l'existence de l'armée.

« En général, Sire, les brigades sont en bon état,
« l'esprit de vos troupes est excellent ; toutes dési-
« rent se battre : elles soutiendront dignement la gloire

« de V. M. si ses intentions sont remplies, si le soldat
« ne manque pas du nécessaire ; si on fait disparaître
« par des exemples sévères l'esprit de rapine qui s'est
« montré à mes yeux d'une manière si patente et si
« scandaleuse dans les troupes de la garde.

« Je manquerais à mon devoir, Sire, si je ne rendais
« pas hommage à son excellence le maréchal Hussein-
« Pacha qui maintient avec la plus louable fermeté
« l'ordre et la discipline, et veille nuit et jour à la
« tenue et aux besoins des soldats. Mais il ne peut
« pas voir par ses yeux ce qui se passe dans l'intérieur
« des régiments, surtout en ce qui regarde les four-
« nitures opérées par les colonels, et les privations que
« la rapacité impose aux soldats. C'est sur ce vice
« que je ne saurais assez vivement appeler l'attention
« de V. M.; la conservation de l'armée en dépend.

« Ma santé, Sire, sera bientôt rétablie, je l'espère,
« et me permettra de reprendre le service actif.
« Dévoué de toutes mes forces à V. M., je ne désire
« rien tant que de lui montrer mon zèle, et contribuer
« de tous mes efforts au triomphe de la cause que
« votre armée est allée défendre.

« J'ai l'honneur d'être,
De Votre Majesté,

Sire,

Le très-humble, très-obéissant et très-dévoué serviteur,

« Signé Rustem-Bey. »

Je puis affirmer, sans aucune crainte d'être démenti, que mes prévisions se réalisèrent. Mahmoud n'a pu lire qu'un rapport rédigé par Kosrew dans le seul but de nuire au crédit de Mustapha-Effendi, rapport sur lequel j'ai aveuglément apposé mon cachet (1), croyant valider la traduction fidèle de ce que j'avais écrit. Si Mahmoud eut un tort alors, ce fut de ne m'avoir pas interrogé sur la situation de son armée. Je suis donc fondé à croire qu'il n'ouvrit les yeux que lorsque le mal fut devenu incurable, car ce ne fut qu'alors seulement que les coupables furent frappés de destitution.

Il est bien vrai que cette circonstance n'influa nullement sur les sentiments bienveillants du Sultan à mon égard. Moi, de mon côté, dès que ma santé fût rétablie, je montrai dans le service le même zèle et la même ardeur. Cependant je crus prudent de m'effacer, de ne me faire voir que rarement au sérail, d'autant plus que le successeur de Mustapha-Effendi, le chambellan Riza-Bey, pour lequel je n'éprouvais qu'une médiocre sympathie m'ayant toujours vu d'un œil jaloux auprès de sa hautesse; je ne pouvais pas me flatter d'être aussi indépendant qu'auparavant. J'eus lieu par la suite de m'applaudir de ma réserve, et Riza-Bey, comme j'aurai occasion de le dire, me montra de l'intérêt et contribua à mon bien être en changeant d'opinion sur mon caractère.

(1) En Turquie, on ne signe pas.

Après la désastreuse bataille de Koniah, Kosrew fut disgracié et remplacé au séraskiérat par Saïd-Pacha, gendre du sultan Mahmoud et l'un de mes anciens élèves itch-oglans. Il dut son avancement rapide à une circonstance bizarre et dans laquelle je me trouve avoir joué un rôle important, je puis le dire sans vanité.

Saïd, de tout temps très-dévot, était en 1828, brigadier dans un escadron de la garde. Dans ces premiers temps, Mahmoud m'interrogeait souvent sur les dispositions et la bonne volonté des itch-oglans. Un jour le tour de Saïd vint, et le Sultan me demanda si j'étais satisfait de la manière dont il remplissait ses devoirs. Je lui répondis que Saïd s'occupait plus du Koran que de sa théorie. Il fut aussitôt appelé et le prince lui dit en ma présence : — « Rustem-Aga prétend que tu t'occupes de tes devoirs religieux avant tout, et que tu négliges la théorie. J'entends que tu fasses marcher de front la théorie et le Koran ; » et il le congédia.

Quelque temps après, Mahmoud me demanda si j'étais plus satisfait du jeune brigadier. Sur ma réponse qu'il s'était corrigé et qu'il faisait bien son service, il le nomma sous-lieutenant d'emblée. En 1829, l'ayant promu chef d'escadron, il se l'attacha comme aide-de-camp. En 1832, Saïd fut nommé au commandement d'une brigade de Spahis. A la bataille de Koniah, il fut l'un des rares pachas qui firent bien leur devoir.

En récompense, Mahmoud lui conféra le grade de *ferick* (lieutenant-général) et peu de temps après il remplaça Kosrew, au ministère de la guerre. Ce fut alors que Mahmoud lui donna sa seconde fille en mariage.

En 1833, Mahmoud m'ayant chargé de préparer une grande manœuvre dans la plaine de Scutari, je m'entendis avec les instructeurs de l'artillerie et de l'infanterie à cet effet. Naturellement je réservai le principal rôle à mon arme. Les évolutions ayant été exécutées avec assez de précision, Mahmoud m'adressa des compliments en présence de tous les pachas et des colonels. Il ordonna aussi à Saïd-Pacha de m'acheter à ses frais, à Péra, une maison de la valeur de cent mille piastres, ou de me payer cette somme à mon choix. J'optai pour les piastres qui n'étaient pas, comme la maison, exposées à l'incendie. Plusieurs fois je rappelai à Saïd le don de Sa Hautesse ; il me répondait toujours, *bakalum* « Nous verrons. » Un an, deux ans s'écoulent, et rien n'arrive. Enfin à des instances plus pressantes je reçois cette réponse évasive : « Le Sultan ne m'a pas désigné la caisse sur laquelle je dois vous payer. » Je compris qu'il fallait se résigner et renoncer, comme je l'avais fait tant de fois, à la libéralité du Sultan. Fidèle à ma politique, je ne réclamai point auprès de Mahmoud auquel j'avais pour principe de ne porter aucune réclamation pécuniaire. Il est vrai de dire que, depuis l'incendie de ma maison, en 1831, je recevais du trésor, à titre d'indemnité de logement, huit mille piastres par an.

Ce fut en 1834 que j'eus pour la première fois l'occasion d'embrasser mon fils ; il était alors âgé de treize ans ; il avait été élevé au collège des jésuites de Novarre, aux frais de S. M. Charles-Félix ; et sous le ministère de M. Delatour, en sortant du collège, il fut nommé *attaché consulaire* à la légation sarde de Constantinople. Faveur sans exemple à son âge et dont j'ai été et serai toujours reconnaissant envers Sa Majesté Charles-Albert, sous le règne duquel cette grâce me fut accordée.

Après la malheureuse campagne de Koniah, il fallut réparer les pertes de la cavalerie. Saïd-Pacha s'y prêta de tout son pouvoir, et tout fut en peu de temps remis sur l'ancien pied.

A cette époque, plusieurs de mes anciens élèves itchoglans étaient, comme Saïd, parvenus successivement aux premières dignités, et se comportaient généralement bien avec moi.

Il leur eût été bien utile de sortir tour à tour de leur pays et de visiter l'Europe pour se convaincre qu'ils avaient encore beaucoup à apprendre. L'un d'eux, Achmet-Pacha, général en chef de la garde, fut envoyé comme ministre plénipotentiaire à la cour de St-Pétersbourg pour la ratification du traité d'Unkiar-

Sckelessi. Je fus le voir à son retour. Après les compliments d'usage, je lui dis : Eh bien ! général, qu'avez-vous vu ? qu'avez-vous appris d'utile en Russie ? — Il me répondit, en me serrant la main : — « J'ai « appris que nous sommes encore bien ignorants. Tant « que je n'ai connu que mon pays, je croyais que nous « valions quelque chose, et j'avais le tort de penser que « tout ce que vous nous enseigniez ne nous serait pas « d'une grande utilité. Vous le dirai-je ? je pensais « parfois que vous étiez venu chez nous pour nous « tourmenter. Mon voyage m'a désillé les yeux. Je me « suis convaincu que nous ne saurions jamais assez « apprécier votre expérience et vos talents militaires. « C'est ce que je me suis empressé de dire à Sa Hautesse « à mon retour. Et pour vous prouver la sincérité de « mon langage et des sentiments qui m'animent à « cette heure, je vous prie, mon cher maître, de vouloir « bien accepter cette paire de pistolets que j'ai achetés « expressement pour vous à St-Pétersbourg. Recevez-« les comme un gage de mon estime et de ma recon-« naissance. Désormais je ne ferai plus rien de ce qui « a trait au service militaire, sans vous consulter, et « j'espère que vous voudrez bien assister un converti « de vos bons conseils. »

Il tint parole durant tout le temps qu'il commanda la garde. Il quitta ce commandement en 1838 pour occuper la charge de capitan-pacha (grand amiral).

A partir de cette époque, nous n'eûmes plus aucune occasion de conférer ensemble, et je le déplore.

S'il m'eût consulté, en 1839, il ne se fût pas déshonoré en désertant le camp de son bienfaiteur le Sultan, pour se soustraire à la haine de Kosrew redevenu séraskier d'abord, puis quelques jours après, élevé à la dignité de grand vizir. Je lui aurais dit s'il m'eût demandé conseil : Mettez-vous à l'abri de la vengeance de cet homme inexorable ; partez seul avec un des vapeurs dont vous disposez, mais ne désertez pas avec la flotte placée sous vos ordres.

Ne pouvant, par délicatesse, signaler les véritables causes de la perte de la bataille de Nézib, je me contenterai d'affirmer qu'Afiz-Pacha qui commandait les troupes du grand seigneur a été, dans cette fatale journée, plus malheureux que coupable. MM. les officiers prussiens attachés à son quartier général ont fait leur devoir.

L'un d'eux a publié sur cette affaire un rapport consciencieux qui a tout dévoilé, A son retour dans la capitale, Afiz-Pacha demanda un conseil d'enquête qui, en l'acquittant, rendit justice à sa conduite. Ce brave homme me fit alors des confidences bien précieuses. C'est un des Musulmans les plus probes et les plus estimables qui aient figuré parmi mes élèves. Il est devenu plus tard ministre de la police à Constantinople

Dans mon isolement du sérail, je vivais plus tran-

quille, étant moins en vue de l'envie. Mahmoud me
mandait quelquefois pour affaires de service. Il était
toujours plein de bienveillance à mon égard , mais il
menait une vie moins occupée et assistait plus rarement à l'instruction de la troupe.

M. le marquis Gropallo mourut pendant son congé ;
il eut pour successeur, d'abord M. le comte Filippi qui,
à peine installé à la légation, succomba aux atteintes
d'une maladie aiguë ; puis M. le chevalier de Montiglio,
consul-général à Smyrne qui prit le poste en qualité de
ministre résident. Comme je ne pouvais oublier l'accueil
très-peu flatteur qu'il m'avait fait à Smyrne en 1826,
je n'allai point lui faire visite.

Surpris de ne pas me voir à la légation, le nouveau
ministre chargea le premier interprète, M. Chirico, avec
lequel j'entretenais toujours de bons rapports, de me
dire qu'il me verrait toujours avec plaisir au palais de
la légation de Sardaigne. Je lui répondis, qu'avant de
m'y rendre, je désirais savoir ce qui avait motivé la réception peu polie qu'il m'avait faite à Smyrne, réception
d'autant moins généreuse que ma situation alors était
plus déplorable. J'ajoutai qu'alors comme aujourd'hui,
j'étais le même homme et que la prospérité n'avait en
rien modifié mon caractère. M. Chirico revint avec les
excuses de M. de Montiglio et dès lors tout fut oublié.
J'ai vu depuis souvent cet excellent homme et nous
avons vécu sur le pied d'une bonne et franche amitié.

J'eus plus tard la douleur de le voir expirer de mort violente dans mes bras à sa campagne de Belgrade où je me trouvais avec sa famille.

M. Pareto vint quelques mois après occuper le poste vacant. Pendant tout le temps que nous demeurâmes ensemble à Péra, ce digne gentilhomme m'a montré une véritable bienveillance, et lorsqu'il me fallut, en 1843, commettre mes intérêts à l'obligeance de quelques personnes de la légation, M. le Marquis Pareto eut l'extrême bonté de vouloir bien s'en charger. Je n'oublierai jamais cet important service.

CHAPITRE IX.

Les Turcs, en général, sont passionnés pour la musique soit vocale, soit instrumentale. Le sultan Mahmoud avait pour cet art charmant un goût prononcé. Cependant quand j'entrai à son service, la musique militaire était véritablement à l'état d'enfance dans l'armée ottomane, et ici encore j'ai été l'agent d'une véritable révolution. Voici le fait :

En 1827, à l'occasion du Baïram, le Sultan m'invita à la fête qu'il donna aux Eaux-Douces d'Europe. Une troupe nombreuse de musiciens se fit entendre et je pus juger ce qu'il y avait alors de mieux dans la musique nationale. Le grand seigneur me fit l'honneur de me demander mon opinion sur cette musique, et comme ma réponse, quoique polie, n'avait rien qui accusât l'enthousiasme, il me demanda si nous avions mieux que cela en Europe. — Oui, seigneur, répondis-je, incomparablement mieux. — Et comment faire pour arriver là ? — Par un moyen bien simple, seigneur, en faisant venir des maîtres qui introduiront ici des instruments et de la musique européene. — A qui pourrions-nous nous adresser ? — Si vous m'y autorisez, seigneur, j'irai de votre part prier M. le ministre de Sardaigne d'écrire à son gouvernement de nous envoyer un bon maëstro et quelques élèves. — C'est convenu, vas-y dès ce soir.

C'est à la suite de cet entretien que le gouvernement sarde envoya au Sultan, *M. Donizetti* (1), chef de musique du régiment de Casal, homme doux, patient et musicien fort habile. A son arrivée à Constantinople, où il avait amené pour l'aider un de ses élèves, *M. Bias,* il ouvrit une école, choisit parmi les jeunes gens du sérail quelques élèves qui, grâce à leurs excellentes dis-

(1) Frère du célèbre compositeur.

positions et aux savantes leçons du maëstro, improvisèrent en quelques mois, un véritable corps de musique dont le Sultan fit bientôt ses délices. C'est en 1828 que M. Donizetti commença ses leçons. Au bout de deux ans, la musique du Sultan exécutait avec un ensemble admirable les plus beaux et les plus difficiles morceaux de Rossini, de Bellini et de Donizetti, etc. Cette musique faisait l'admiration des européens qui étaient admis à l'entendre. Par la suite, la pépinière formée par M. Donizetti fournit de nombreux sujets pour la formation des musiques des régiments de la garde d'abord, et avec le temps, de tous ceux de la ligne. De sorte qu'en 1843, époque à laquelle je quittai Constantinople, M Donizetti n'avait plus à s'occuper que de la composition et de la direction des études. Plusieurs voyageurs de distinction qui eurent occasion d'entendre les musiques militaires formées par M. Donizetti, se refusaient à croire (j'en ai été témoin) que les exécutants fussent des Musulmans (1).

(1) En 183. . . . . M. le duc de Maillé, accompagné de quelques jeunes gentilshommes français qui faisaient comme lui un voyage en Orient, vint avec moi visiter la belle caserne de Coulély, où était casernée la première brigade de cavalerie de la garde. Prévenus à l'avance de cette visite, les colonels nous reçurent avec la musique, ce qui donna lieu à un incident assez plaisant. Le chef de musique qui savait que les visiteurs étaient français, n'imagina rien de mieux, pour leur plaire, que de faire jouer la *Marseillaise*.

Or, l'hymne républicain sonnait fort mal à des oreilles légitimistes. « Ah ! ça, me dit M. le duc de Maillé, après avoir écouté quelques reprises de la

J'ai saisi avec d'autant plus d'empressement cette occasion de rendre à un artiste d'un vrai mérite la justice qui lui est due, que M. Donizetti réunit à une grande connaissance de son art les qualités les plus aimables et les plus distinguées.

Il est du reste constaté que la révolution introduite dans la musique du Sultan ne contribua pas peu à favoriser les idées de réformes dont Mahmoud s'était constitué le hardi défenseur. En 1830, Sa Hautesse voulut visiter Andrinople. A cet effet, elle s'embarqua avec toute sa suite sur une frégate pour se rendre aux Dardanelles et de là continuer son voyage par terre. Mahmoud emmena avec lui sa nouvelle musique et son maëstro. A la demande du Sultan, je me rendis à Andrinople avec dix cavaliers du premier régiment des lanciers de la garde dont deux escadrons y avaient déjà été dirigés par Sylivrie et Rhodosto. Le commandement de l'escorte me fut confié. Ce fut pendant notre séjour en cette ville et en parcourant celles qui se trouvaient sur notre route au retour, que je pus juger de la prodigieuse influence qu'avait la nouvelle har-

Marseillaise, est-ce que vos musiciens ne pourraient pas nous jouer : *Vive Henri IV ?* » — Assurément, dis-je, nous avons de la musique pour toutes les opinions, et sur un signe du chef, nos musiciens musulmans célébrèrent le triple talent du vénérable chef de la maison de Bourbon, avec le même sang froid et la même perfection qu'ils avaient employés à jouer l'hymne républicain de Rouget de l'Isle.

monie sur ces populations à l'oreille délicate et sensible.

Pendant les premières années de la réforme, Cons-
antinople était devenue un objet de curiosité pour les
hommes distingués et les penseurs de tous les pays.
Beaucoup s'adressaient à moi pour visiter les lieux
réservés, le vieux sérail, par exemple. L'intention du
Sultan était que je me prêtasse à satisfaire cette curiosité bienveillante et je me faisais un plaisir de me
conformer aux intentions de Sa Hautesse. Entr'autres
personnages distingués, j'eus l'honneur d'introduire au
sérail M. le prince Frédéric de Schwarzemberg et
l'illustre chantre des *Méditations*, M. de Lamartine qui,
dans son *Voyage en Orient*, a bien voulu se souvenir de
moi. Les *ciceroni* de Péra réussissaient quelquefois,
en offrant de l'argent aux gardes des jardins, à y
introduire des voyageurs, malgré la défense expresse de
l'administration du sérail. Je me souviens, par exemple,
qu'un jour une jeune Lady fut trouvée en contravention
dans l'enceinte réservée.

Elle y était parvenue en corrompant le sergent qui
commandait le poste du corps-de-garde de Top-Kapou.
Après avoir parcouru les différents sites de ce délicieux
labyrinthe, elle s'arrêta à l'endroit le plus pittoresque, à
la colonne de Théodose qui s'élève sur un tertre près
de Gulkané. Le hasard voulut qu'en ce moment même
Mahmoud se trouvât avec sa suite au kiosque du Se-

liktar dominant toute la partie orientale des jardins.
Apercevant une dame franque accompagnée d'un
homme du commun dans ces lieux défendus, il dit à
ses courtisans: « Voilà une femme étrangère qui dessine
« cette colonne. Qui a pu l'introduire ici ? — Ce ne
« peut être, répondit l'un d'eux que Rustem-Bey,
« seigneur. — Je ne le crois pas, il serait avec elle.
« Je suis las d'entendre toujours accuser ce serviteur
« loyal et fidèle. Riza-Bey, envoie de suite demander
« à cette femme qui l'a introduite. »

Un jeune officier de cavalerie d'ordonnance auprès du
Sultan fut dépêché auprès de la visiteuse; il interrogea
le *cicerone* qui répondit qu'ils avaient été d'abord
repoussés par la sentinelle à la porte de Top-Kapou,
mais que le sous-officier de garde étant survenu, on
lui avait proposé un pour boire qu'il avait accepté et que
c'était ainsi qu'il se trouvait là avec la dame étrangère.
L'officier rendit compte au Sultan de sa mission ; le
sous-officier fut remplacé et dégradé, et Mahmoud
défendit à ces messieurs de m'accuser légérement à
l'avenir.

En parlant des personnages distingués qui ont visité
Constantinople depuis les réformes opérées par Mahmoud, je ne saurais oublier M. le prince de Joinville qui,
à deux reprises différentes, est venu voir la grande
capitale de l'empire Ottoman. A la seconde de ses
visites, qu'il désira faire dans le plus strict *incognito*,

le prince auquel j'avais été, de la part du séraskier, faire mes offres de service, eut la bonté de me charger de faire ses remérciements au ministre; il avait peu de temps à passer à Constantinople et il voulait que sa visite n'eût aucun caractère officiel. Plus tard, me dit-il, je reviendrai et alors, colonel, je serai heureux d'accepter vos bons offices.

Afin d'inspirer à son fils aîné (1) les goûts militaires, Mahmoud le faisait souvent assister aux revues et aux grandes manœuvres. J'avais souvent occasion de voir le jeune prince, soit à l'instruction des troupes, soit au sérail. C'était alors un jeune homme d'une santé fort délicate, mais d'un excellent naturel et d'un caractère fort doux. Jamais je ne l'ai vu s'impatienter; je ne lui ai non plus jamais entendu prononcer un mot orgueilleux ou blessant, à l'égard de ses pages ou de ses domestiques.

Au printemps de 1839, Mahmoud sentit les premières atteintes de la maladie qui allait l'emporter en quelques mois, bien qu'il fût dans la force de l'âge (53 ans). Je me rapprochai alors du sérail, disposé à braver, s'il le fallait, toute considération de prudence. Je n'avais eu pendant bien des années qu'à me louer de sa bienveillance et de sa générosité, et mon dévoûment était absolu. Toutes les fois que je me présentais

(1) *Abdul-Medjid*, aujourd'hui Sultan.

devant lui, il daignait m'adresser quelques mots bienveillants, et si j'avais la bonne fortune de le rencontrer
à l'extérieur, il me faisait, en dépit de l'étiquette,
l'honneur de m'adresser la parole. Un jour de fête,
j'allai avec ma famille faire une promenade en bateau
aux Eaux-Douces d'Europe; j'y rencontrai le Sultan
qui en revenait dans son grand caïk, au point précis
où le canal commence à se retrécir. Par respect, je
fis arrêter mon bateau, avec l'intention d'être debout
pour saluer Sa Hautesse. Mahmoud m'ayant reconnu
d'assez loin, bien que je fusse en habit de ville, il fit
ralentir la marche de son caïk, et arrivé à ma hauteur, il se tourna vers moi et me dit : — « Ah ! Rustem-
Béy, te voilà dans ton incognito ? tu vas sans doute
aux Eaux-douces avec ta famille? tu y trouveras bien
de monde. » Cette fois encore, en dépit de l'étiquette,
le bon prince avec un sourire gracieux, me fit un salut
de la main ; puis, ses rameurs reprirent leur allure
rapide.

Au mois de juin, le mal empirant, Mahmoud alla
s'établir à Tchcamlagia, superbe maison de campagne
de la sultane, sa sœur, située au versant sud de la
montagne de Bougourlou, et dominant Scutari. Trois
fois par semaine, j'y allais prendre de ses nouvelles et
tous les vendredis je me trouvais à la mosquée qu'il
avait désignée d'avance pour y faire sa prière. Le vendredi 28 juin, Mahmoud, malgré l'épuisement de ses

forces, voulut faire sa prière à la mosquée de Sélimié à Scutari. Il s'y rendit en calèche découverte. Son cortège le suivait à cheval. Je l'attendais à la porte de la mosquée ; on le descendit de son équipage et j'eus la douleur de voir combien il était faible et défiguré. Son œil naguère si brillant, était éteint. On dut le porter dans un fauteuil à l'intérieur. En m'apercevant, il eut la bonté de me sourire comme à l'ordinaire et d'une voix affaiblie il m'adressa quelques paroles, les dernières que j'aie entendues : « Te voilà, Rustem-Bey : je suis bien malade ! »

Je me retirai le cœur navré. Toute la troupe portait déjà sur ses traits le deuil du prince qu'elle allait perdre. Pendant les deux derniers jours je ne m'éloignai pas de Scutari. Les nouvelles devenant de plus en plus alarmantes, je me rendis le 1er juillet à Tchiamlagia, dans l'espoir de le voir une dernière fois. Mais quand je me présentai à la porte du pavillon, j'y trouvai les deux gendres de Sa Hautesse Halil et Saïd, pachas, en larmes. Mon bienfaiteur venait d'expirer !

Le même jour, premier juillet, le nouveau sultan Abdul-Medjid, fut proclamé empereur. Le lendemain, les troupes de la garnison prirent les armes et formèrent la haie depuis le vieux sérail jusqu'à la porte d'Andrinople, et de là jusqu'à la mosquée du faubourg d'Eyoup où Abdul Medjid se rendit à cheval (une lieue environ). Le premier régiment des lanciers de la garde, en tête duquel je marchais avec le pacha qui commandait la brigade, ouvrit la marche du grand cortége et le troisième de la même arme la ferma à l'aller et au retour.

De magnifiques pavillons furent dressés pour y recevoir tout le corps diplomatique, en grand gala sur les hauteurs qui bordent le chemin d'Eyoup. Le jeune Sultan, après la prière, ceignit en grande solennité le sabre impérial d'Othman dans la mosquée, cérémonie qui répond au couronnement des princes chrétiens. Cette cérémonie accomplie, le nouveau padischa remonta à cheval et accompagné du même cortège, il revint au sérail ou il reçut les grands dignitaires de l'Empire et de sa cour.

La veille au soir, la dépouille mortelle de Mahmoud avait, suivant l'étiquette du sérail, été transportée sans pompe au lieu désigné depuis longtemps par lui même. On y avait dressé une tente funèbre sous laquelle la bière fut déposée, et le mausolée dont la construction commença le lendemain, autour de cette même tente, ne fut achevé que l'année suivante. C'est un monument dont l'élégante architecture fait l'admiration des connaisseurs.

Le 4 juillet, Abdul-Medjid passa la revue des troupes sur la grande place du séraskier. Je m'y trouvai avec la première brigade de cavalerie de la garde. Après l'inspection des régiments, Sa Hautesse mit pied à terre et monta à son pavillon pour voir le défilé des troupes. Au commandement du nouveau séraskier, Halil-Pacha, les escadrons s'ébranlent en colonnes serrées. Quand le premier escadron a dépassé le Sultan, je quitte la tête de la colonne avec le pacha commandant la brigade et le colonel du premier régiment, et tous trois nous allons nous placer à la droite du balcon occupé par Sa Hautesse.

Le défilé se passait au trot; au moment où les quatre premiers escadrons ont défilé en bon ordre, un maréchal-des-logis qui formait pivot mouvant du cinquième, ayant arrêté court son cheval au lieu de continuer le trot, je m'élance au galop pour réparer les suites de son erreur. A ce moment, mon cheval se cabre et se renverse, et dans mon mouvement pour me jeter de côté, je rencontre la palette de la selle et tombe à côté de mon cheval grièvement blessé. Abdul-Medjid envoie aussitôt Riza-Pacha s'informer de mon état. J'avais fait une chute grave en effet; néanmoins je bravai la douleur poignante que j'éprouvais, et j'allai sous le balcon du prince le remercier de sa bienveillance par le salut d'usage. Mais si ma santé générale n'a pas été affectée par cet accident, j'ai perdu pour la vie les moyens de monter à cheval et ma carrière a réellement fini ce jour là.

Le changement de règne néanmoins n'avait apporté aucune altération dans ma position. Le jeune prince qui me connaissait dès sa plus tendre enfance, me traitait avec la bonté dont le Sultan son père m'avait donné tant de preuves.

Ne pouvant plus, comme par le passé, me livrer aux occupations de mon état, je priai le séraskier de vouloir bien demander pour moi à Sa Hautesse, un congé de six mois, afin d'aller en Piémont, consulter les hommes de l'art. Ma famille m'y avait déjà précédé. Le Sultan daigna faire droit à ma demande, en m'accordant solde entière, plus quinze mille piastres turques à titre d'indemnité de voyage. Halil-Pacha, ministre de la guerre, me délivra le brevet de colonel de cavalerie de la garde, et Reschid-Pacha, ministre des affaires étrangères, un passeport en règle.

En cette circonstance, Kosrew-Pacha, alors grand-visir, voulut me donner une leçon pratique de sa *théorie du vol*. Il me retrancha cinq mille piastres sur les quinze mille de gratification lorsque le mandat fut soumis à sa légalisation. Le bon Halil-Pacha répara de ses propres deniers cette injustice.

Le 17 janvier 1840, je partis avec le bateau-poste français pour Malte où je purgeai la quarantaine ; puis par Livourne et Gênes, j'arrivai à Turin vers la fin de février.

C'était la seconde fois qu'après une longue absence, je touchais le sol de la patrie. Religion des souvenirs ! parents, amis, lieux témoins des jeux de notre enfance, quel cœur resterait insensible devant vous ?

J'avais fait, en 1814, une expérience malheureuse. Soldat obscur du grand empire que la coalition victorieuse démembrait, je ne retrouvai en rentrant dans mon pays que l'injustice et le dédain. Cette fois, j'arrivais dans des conditions bien différentes et l'accueil qui me fut fait s'en ressentit. Le roi Charles-Albert me reçut fort gracieusement. S. M. eut la bonté d'attacher quelque prix aux services que j'avais eu le bonheur de rendre à mon pays et aux malheureux compatriotes, qui pendant mon séjour en Turquie, avaient eu recours à moi. En m'en remerciant, le Roi me fit l'honneur de me dire : « Que puis-je faire pour vous, colonel ? »

Vers la fin de mai, nos congés touchant à leur terme, je repris avec mon fils le chemin de Constantinople, où je revis avec un vif plaisir mes bons élèves, qui eux aussi ne m'avaient pas oublié. Comme l'exercice violent du cheval m'était interdit, je bornai mes leçons à la partie théorique, et pendant trois ans encore je remplis de mon mieux mes devoirs d'instructeur. A cette époque, je commençai à éprouver le besoin du repos. Depuis près de quarante ans, ma vie avait été si laborieuse et si pleine, que je crus pouvoir sans indiscrétion demander ma retraite et la permission d'aller en jouir dans ma patrie. Avec l'agrément de Riza-Pacha, grand-chambellan, un de mes anciens élèves itch-oglans, Suleyman-Pacha, général en chef de la garde, appuya ma demande auprès de Sa Hautesse. Le prince eut la bonté de répondre : « Il faut contenter Rustem-Bey. Indépendamment des services qu'il a rendus, vous n'ignorez pas qu'il avait l'estime particulière du Sultan mon père. » Le jeune prince m'alloua donc une pension annuelle de trente mille piastres, avec l'autorisation d'en jouir dans ma patrie.

A cette même époque de 1843, le baron de Bourqueney, alors ambassadeur de France auprès de la Sublime-Porte, eut l'extrême obligeance d'envoyer mes états de services et campagnes au ministre des affaires étrangères à Paris. S'appuyant en outre sur les services que j'avais été heureux de rendre à son gouvernement dans des circonstances difficiles, il demanda pour moi la décoration de la Légion-d'Honneur, et avant de rentrer en Piémont, j'eus la satisfaction de recevoir ma nomination dans cet ordre glorieux. C'est une des joies de ma vieillesse, et j'en aurai jusqu'à mon dernier jour, une vive reconnaissance à M. de Bourqueney. Vers la fin du mois d'août 1843, le *Moniteur Ottoman* contenait dans sa partie officielle la note suivante :

« Le gouvernement de Sa Hautesse vient d'accorder
« à M. le colonel Calosso une pension de retraite de
« deux mille cinq cents piastres par mois (six cents
« francs), plus vingt-cinq mille piastres une fois
« payées, à titre de gratification. M. le colonel Calosso
« est le plus ancien des instructeurs européens au
« service de la Porte. C'est à lui qu'on doit la formation

« de toute la cavalerie régulière, et par la loyauté de
« son caractère aussi bien que par ses talents militaires,
« il avait mérité l'estime du sultan Mahmoud qui eut
« toujours pour lui la plus grande bienveillance. Il a
« rendu de véritables services à la Turquie, et la ma-
« nière généreuse dont il est traité aujourd'hui est la
« digne récompense de dix-huit années de services, de
« travail et de dévoûment. M. le colonel Calosso se
« propose d'aller jouir de sa pension de retraite en
« Piémont, sa patrie, et il emporte avec lui les regrets
« du gouvernement et l'estime de toutes les personnes
« qui le connaissent. »

Mon fils ayant, de son côté, obtenu un nouveau congé
du roi de Sardaigne, nous fîmes nos préparatifs de
départ. Dans mes visites de congé au sérail, aux grands
dignitaires et aux ministres, j'eus la satisfaction d'être
comblé de témoignages d'estime et de regrets. Riza-
Pacha, grand-chambellan, qui par le passé s'était montré si peu bienveillant, me fit l'honneur de m'exprimer
ses regrets de m'avoir mal jugé, et il répara ses torts
en concourant à me faire avoir la généreuse pension
dont j'ai donné le chiffre plus haut.

Suleyman-Pacha étant présent à cette audience de
congé, je proposai au chambellan de demander à la
France un officier supérieur de cavalerie pour continuer et perfectionner mon ouvrage, et surtout afin de
ne pas laisser s'affaiblir l'impulsion donnée. S. E. me ré-

pondit : « Si vous parvenez à rétablir votre santé, venez reprendre votre place qui vous sera conservée. Quant à vous remplacer, je ne le juge pas nécessaire. »

J'ai vivement regretté que mes conseils n'aient pas été suivis et j'ai tout lieu de penser que le gouvernement Turc a lui-même compris combien j'avais raison.

Le 16 septembre, j'allai faire mes adieux au pacha et aux officiers supérieurs des régiments de la cavalerie de la garde, campés à Haydar-Pacha. Notre séparation fut des plus touchantes. Mes bons lanciers en voyant leurs chefs m'accompagner jusqu'à mon caïk, sortirent en masse de leurs tentes et se portèrent sur le rivage d'où ils me criaient : « Que Dieu vous assiste, Rustem-Bey ! que Dieu vous bénisse ! Bon voyage ! adieu, notre bon maître ! ne nous oubliez pas, revenez à nous. »

Le lendemain, je m'embarquai avec mon fils pour Trieste, sur le bateau à vapeur du Lloyd autrichien *le Baron Eykoff*. Toutes ces émotions répétées m'avaient donné la fièvre, qui depuis huit jours ne me quittait pas. L'air de la mer et le repos me guérirent rapidement. Nous touchâmes à Smyrne, à Syra et à Corfou. La navigation fut des plus heureuses et après trois jours d'observation sanitaire à Trieste, nous descendîmes à terre. Puis le lendemain, nous partîmes pour Venise. Nous demeurâmes huit jours dans cette ancienne reine de l'Adriatique et nous nous remîmes en route pour Turin, où nous arrivâmes le 12 octobre 1843.

J'ai définitivement touché le sol natal, et j'y goûte depuis quatorze ans le repos et le bien être que je dois à la protection de la Providence et aux généreuses dispositions du gouvernement Turc.

ÉPILOGUE

Pour compléter le récit des événements que le lecteur
vient de voir défiler devant ses yeux, je dois dire deux
mots de ma visite (en août 1850), au tombeau de
l'Empereur; puis d'une petite excursion que j'ai faite
deux ans plus tard (juillet 1852) aux champs de bataille d'Essling, de Wagram, de Wachau et de Leipsig.

L'homme qui a longtemps voyagé aime revoir les
lieux qui furent témoins des jeux de son enfance. Un
vieux mur que le temps a couvert de lierre, un arbre
qui porte encore les traces des lettres gravées sur son

écorce, une prairie, un champ, un ruisseau; tous ces objets auprès desquels nos premières années se sont écoulées, semblent s'animer pour réveiller dans les cases les plus profondes de notre mémoire des souvenirs qui y sommeillaient à notre insu. Il en est ainsi (je l'ai personnellement éprouvé) des souvenirs qui se rattachent à la vie militaire. Les vieux soldats dont une grande passion à remué les âmes, ceux, par exemple, qui ont eu l'honneur de servir sous Napoléon ne revoient qu'avec une indéfinissable émotion tout ce qui leur rappelle la personne du grand Empereur. Il n'est pas dans leur cœur une fibre qui ne soit remuée à la vue des champs de bataille où se passèrent ces glorieuses *fêtes*, comme les appelle le poète (1), où le canon servait de véhicule à la marche des idées et à la glorification de la patrie. La guerre a sa poésie, et l'immortel chansonnier, dont le nom vient de se trouver tout à l'heure sous ma plume, n'a rien dit de trop lorsqu'il appelait Napoléon *le plus grand poète des temps modernes et peut être de tous les temps.*

 Donc, au mois d'août 1850, je me suis rendu à Paris, et avec l'assistance du général Petit qui commandait alors l'hôtel des Invalides, j'ai pu voir sous le dôme du glorieux monument fondé par Louis XIV, la tombe préparée pour recevoir les cendres de l'Empereur. J'ai

(1) Béranger, *le Vieux sergent.*

été admis également à visiter la chapelle St-Jérôme où étaient déposés (je crois qu'ils y sont encore) le sarcophage, le chapeau, l'épée, le cordon de la Légion-d'Honneur, reliques sacrées apportées de Sainte-Hélène avec les cendres de la grande victime. J'ai été heureux de rencontrer là un des plus fidèles serviteurs de Napoléon, le vieux général Exelmans sous les ordres duquel j'ai fait une partie des campagnes de 1813 et 1814. L'un et l'autre nous avons demandé à Dieu de recevoir dans son sein la grande âme du héros au service duquel ont été consacrées les plus belles années de notre jeunesse.

On m'a dit, depuis ma visite à l'hôtel des Invalides, que Napoléon III avait l'intention de faire préparer sous les voûtes de Saint-Denis des caveaux destinés à recevoir les cendres de la quatrième dynastie qui a régné sur la France. Il ne m'appartient pas de porter un jugement sur un si grave sujet; dans tous les cas, le vœu de Napoléon serait toujours satisfait puisqu'à Saint-Denis, de même qu'aux Invalides, *ses cendres reposeraient sur les bords de la Seine, au milieu de ce peuple français qu'il a tant aimé.*

Deux ans après mon pélérinage au tombeau de l'Empereur, en juillet 1852, je me suis rendu par Milan, Venise, Trieste et Laybach à Vienne. J'y suis descendu à *l'hôtel du prince Charles*; puis après m'être mis en règle avec la police autrichienne et avec la légation sarde, je me suis procuré un guide et une voiture, et j'ai sur-le-champ commencé mes explorations.

Mon guide et moi nous franchissons d'abord le pont sur le Danube à Floresdhorff. Nous tournons à droite, et nous nous dirigeons sur le village de Gross-Aspern.

A l'entrée du village, je reconnais l'église où, des deux côtés, tant de sang fut répandu. Un peu plus loin mon guide me fait remarquer une mare d'eau stagnante où se prélassaient des oies « Monsieur, me dit mon *cicerone* avec l'assurance ordinaire aux gens de son métier, monsieur, vous voyez cette mare ; eh bien ! elle fut creusée par la cavalerie française pour abreuver ses chevaux pendant les trois journées où elle occupa le village. Depuis cette époque, la mare est demeurée telle que vous la voyez aujourd'hui. »

— Je fus bien tenté de répondre par un éclat de rire à la version de mon très-sérieux Allemand. Mais comme je n'aime point à humilier les gens, je me contentai de lui dire : — « Mon brave homme, j'y étais à cette bataille, je faisais partie de la cavalerie française, et je puis vous assurer qu'on vous a débité un sot conte que je vous engage à ne plus répéter sous peine de recevoir un jour quelques bons quolibets. Voyons, comment pouvez-vous penser qu'ayant le Danube à cent mètres de nous, nous ayons eu la fantaisie pour abreuver nos chevaux, de creuser une mare qui ne suffirait pas à désaltérer un escadron ? » — « Mais monsieur, je vous assure que telle est la tradition. » — « Et moi je vous dis que la tradition se trompe. Je vais parcourir avec vous le champ de bataille, et je vous dirai en marchant ce qui s'est passé sous mes yeux. Cela vous sera plus utile que les cancans de bonne femme que vous appelez *la tradition.* »

Mon homme prit son calepin et à mesure que nous avancions, il écrivait les indications que je lui donnais. Je suppose que dans la suite il aura fait grâce aux gens qui ont eu recours à lui, de l'histoire de la mare et de bien d'autres balivernes *ejusdem farinæ.*

Relativement à la bataille de Wagram, mon guide était plus instruit, et j'eus peu de rectifications à faire dans son récit. Les lieux, du reste, n'avaient pas changé, et à raison de la ressemblance des époques (juillet 1809 — juillet 1852) ils offraient à peu près la même configuration et le même aspect. Il en était autrement pour la bataille d'Essling qui eut lieu en mai alors que la campagne était verte et riante comme au printemps.

Continuant ma route à travers l'Allemagne, je voulus aller voir les lieux où se livrèrent les deux grandes luttes de Wachau (16 octobre 1813) et Leipsig (18 octobre). L'émotion que j'éprouvai en revoyant ces plaines fatales fut bien autrement vive que celle que j'avais ressentie à Essling et à Wagram. Me reportant par la pensée à trente-neuf ans en arrière, je me rappelai les héroïques mais inutiles efforts de l'armée contre une coalition européenne dont la trahison grossissait chaque jour les bataillons. Il me semblait assister une seconde fois à la chute de cet Empire que j'avais vu si grand et si glorieux. Je voyais la place où Napoléon se tenait dans la journée du 18.

Le cocher, qui me servait de guide, m'indiquant une grosse pierre carrée, me dit : « Napoléon a pris sur cette pierre plus d'une prise de tabac. » Je reconnus l'endroit où j'avais reçu un coup de pistolet à l'épaule et deux coups de lance l'un à la main gauche, l'autre dans le flanc droit.

Poursuivant toujours mes excursions, je revis Berlin et Charlottembourg. Près du château, je m'arrêtai devant l'écurie que nous avions occupée en 1808. En 1852, elle logeait un escadron de cuirassiers de la garde. La sentinelle me voyant arrêté devant la porte, me dit : « Il est défendu d'entrer. » — J'allais passer outre quand un jeune maréchal-des-logis qui m'avait vu causer avec un cuirassier de garde à la porte, m'accosta fort poliment et me dit en français : — « Que désirez-vous, Monsieur ? » — « Mon Dieu ! répondis-je, je voulais satisfaire une curiosité qui vous semblera peut-être indiscrète. En 1808, faisant partie de la cavalerie française, j'ai occupé cette écurie avec mon escadron, et j'aurais aimé voir les changements que le temps a sans doute apportés à l'état des lieux. » — « Votre curiosité, Monsieur, n'a rien que de fort naturel, et je suis heureux de pouvoir vous aider à la satisfaire. Veuillez me suivre. »

J'entre avec lui et comme on m'autorisait à tout examiner, je remarque que les chevaux sont généralement vieux et les harnachements usés. — « Cela est vrai, me dit mon jeune sous-officier, tout cela est bien *rococo*, mais venez plus loin et vous allez voir quelque chose de plus vieux encore.» Effectivement j'aperçus dans une espèce de *box*, tout au fond de l'écurie, un pauvre cheval tout décrépit qui végétait libre et sans licol.— « Celui-ci, me dit le vieux cuirassier, est le doyen de l'écurie. Il a fait, continua-t-il d'un ton qui me parut goguenard, il a fait deux fois le voyage de Paris, en 1814 et en 1815.» — « Oh bien! répliquai-je, si le cheval que je montais à Friedland en 1807, vivait encore, il serait bien plus vieux que celui-là.» — « Bien riposté, s'écria gaîment le jeune sous-officier, bien riposté. Cependant, Monsieur, me dit-il, il ne faut pas trop lui en vouloir. Il est plus simple que méchant, et je ne crois pas qu'il ait voulu vous faire une mauvaise plaisanterie. »